www.ingramcontent.com/pod-product-compliance
Lightning Source LLC
LaVergne TN
LVHW051015051026
849532LV00004BA/1221
9789358727296

چہرے جو دھواں ہوئے

(خاکے)

مرتبہ:

سید حیدرآبادی

© Taemeer Publications LLC

Chahre jo dhuvaaN huye *(Khaake)*

by: Syed Hyderabadi

Edition: May '2024

Publisher :

Taemeer Publications LLC (Michigan, USA / Hyderabad, India)

ISBN 978-93-5872-729-6

9 789358 727296

کتاب	:	**چہرے جو دھواں ہوئے** (خاکے)
مرتب	:	**سید حیدرآبادی**
صنف	:	خاکے
ناشر	:	تعمیر پبلی کیشنز (حیدرآباد، انڈیا)
سالِ اشاعت	:	۲۰۲۴ء
صفحات	:	۱۵۴
سرورق ڈیزائن	:	تعمیر ویب ڈیزائن

فہرست

(۱)	دوزخی	عصمت چغتائی	6
(۲)	نور جہاں سرور جہاں	سعادت حسن منٹو	19
(۳)	سعادت حسن منٹو کی یاد میں	شاہد احمد دہلوی	62
(۴)	کرشن چندر	مظہر امام	74
(۵)	سروجنی نائیڈو	آغا حیدر حسن	108
(۶)	خواجہ احمد عباس	راجندر سنگھ بیدی	118
(۷)	حسرت موہانی	رشید احمد صدیقی	129
(۸)	راشد: چند یادیں	غلام عباس	138
(۹)	کنھیالال کپور	مرزا ادیب	148

دوزخی

عصمت چغتائی

سعادت حسن منٹو کا اقتباس اس خاکہ کے بارے میں :

"ساقی" میں "دوزخی" چھپا۔ میری بہن نے پڑھا اور مجھ سے کہا۔ "سعادت! یہ عصمت کتنی بے ہودہ ہے۔ اپنے موئے بھائی کو بھی نہیں چھوڑا کم بخت نے۔ کیسی کیسی فضول باتیں لکھی ہیں۔" میں نے کہا۔ "اقبال اگر میری موت پر تم ایسا ہی مضمون لکھنے کا وعدہ کرو۔ تو خدا کی قسم میں آج مرنے کے لئے تیار ہوں۔" شاہجہان نے اپنی محبوبہ کی یاد قائم رکھنے کیلئے تاج محل بنوایا۔ عصمت نے اپنے محبوب بھائی کی یاد میں "دوزخی" لکھا۔ شاہجہان نے دوسروں سے پتھر اٹھوائے۔ انہیں ترشوایا اور اپنی محبوبہ کی لاش پر عظیم الشان عمارت تعمیر کرائی۔ عصمت نے خود اپنے ہاتھوں سے اپنے خواہرانہ جذبات چن چن کر ایک اونچا مچان تیار کیا اور اس پر نرم نرم ہاتھوں سے اپنے بھائی کی نعش رکھ دی۔ تاج شاہ جہان کی محبت کا برہنہ مرمریں اشتہار معلوم ہوتا ہے۔ لیکن "دوزخی" عصمت کی محبت کا نہایت ہی لطیف اور حسین اشارہ ہے۔ وہ جنت جو اس مضمون میں آباد ہے۔ عنوان اس کا اشتہار نہیں دیتا۔

جب تک کالج سر پر سوار رہا پڑھنے لکھنے سے فرصت ہی نہ ملی جو ادب کی طرف توجہ کی جاتی اور کالج سے نکل کر بس دل میں یہی بات بیٹھ گئی کہ ہر چیز جو دو سال پہلے لکھی گئی بوسیدہ، بدمذاق اور جھوٹی ہے۔ نیا ادب صرف آج اور کل میں ملے گا۔ اس نئے ادب نے اس قدر گڑبڑا یا کہ نہ جانے کتنی کتابیں صرف نام دیکھ کر ہی واہیات سمجھ کر پھینک دیں اور سب سے زیادہ بیکار کتابیں جو نظر آئیں وہ عظیم بیگ چغتائی کی تھیں۔ گھر کی مرغی دال

برابر والا مضمون۔ گھر کے ہر کونے میں ان کی کتابیں رلتی پھرتیں۔ مگر سوائے اماں اور دو ایک پرانے فیشن کی بھابیوں کے کسی نے اٹھا کر بھی نہ دیکھیں۔ یہی خیال ہوتا بھلا ان میں ہوگا ہی کیا۔ یہ ادب نہیں پھکڑ، مذاق، پرانے عشق کے سڑیل قصے اور جی جلانے والی باتیں ہوں گی۔ یعنی بے پڑھے رائے قائم، مجھے خود یقین نہیں آیا کہ میں نے عظیم بھائی کی کتابیں کیوں نہ پڑھیں۔ شاید اس میں تھوڑا سا غرور بھی شامل تھا اور خود ستائی بھی۔ یہ خیال ہوتا تھا یہ پرانے ہیں ہم نئے۔

ایک دن یونہی لیٹے لیٹے ان کا ایک مضمون "یکہ" نظر آیا میں اور رحیم پڑھنے لگے۔ نہ جانے کس دھن میں تھے کہ ہنسی آنے لگی اور اس قدر آئی کہ پڑھنا دشوار ہو گیا ہم پڑھ ہی رہے تھے کہ عظیم بھائی آ گئے اور اپنی کتاب پڑھتے دیکھ کر کھل گئے مگر ہم جیسے چڑ گئے اور منہ بنانے لگے وہ ایک ہوشیار تھے بولے لاؤ میں تمہیں سناؤں۔ اور یہ کہہ کر دو ایک مضمون جو ہمیں سنائے تو صحیح معنوں میں ہم زمین پر لوٹنے لگے۔ ساری بناوٹ غائب ہو گئی۔ ایک تو ان کے مضمون اور پھر ان کی زبانی۔ معلوم ہوتا تھا ہنسی کی چنگاریاں اڑ رہی ہیں۔ جب وہ خوب احمق بنا چکے تو بولے۔

تم لوگ تو کہتے ہو میرے مضمونوں میں کچھ نہیں اور انھوں نے چھیڑا۔ لو ہمارے منہ اتر کر ذرا ذرا سے نکل آئے اور بے طرح چڑ گئے۔ جھنجلا کر الٹی سیدھی باتیں کرنے لگے۔ جی جل گیا اور پھر اس کے بعد اور بھی ان کی کتابوں سے نفرت ہو گئی۔

میں نے ان کے مضامین کی ان کی زندگی میں کبھی تعریف نہ کی۔ حالانکہ وہ میرے مضمون دیکھ کر ایسے خوش ہوتے تھے کہ بیان نہیں۔ اس قدر پیار سے تعریف کرتے تھے مگر یہاں تو ان کی ہر بات سے چڑنے کی عادت تھی۔ میں سمجھتی تھی کہ وہ میرا مذاق اڑاتے ہیں اور بخدا وہ شخص جب کسی کا مذاق اڑاتا تھا تو جی چاہتا تھا بچوں کی طرح زمین پر

مچل جائیں اور روئیں۔ کس قدر طنز، کیسی کڑوی مسکراہٹ اور کٹتے ہوئے جملے۔ میں تو ہر وقت ڈرتی تھی کہ میرا مذاق اڑایا اور میں نے بدزبانی کی۔

کبھی کہتے تھے کہ مجھے ڈر لگتا ہے کہ کہیں تم مجھ سے اچھا نہ لکھنے لگو اور میں نے صرف چند مضمون لکھے تھے اس لیے جی جلتا تھا کہ یہ میرا مذاق اڑا رہے ہیں۔

ان کے انتقال کے بعد نہ جانے کیوں مرنے والے کی چیزیں پیاری ہو گئیں۔ ان کا ایک ایک لفظ چبھنے لگا اور میں نے عمر میں پہلی دفعہ ان کی کتابیں دل لگا کر پڑھیں۔ دل لگا کر پڑھنے کی بھی خوب رہی۔ گویا دل لگانے کی بھی ضرورت تھی! دل خود بخود کھنچنے لگا۔ افوہ! تو یہ کچھ لکھا ہے ان کی رلنے والی کتابوں میں۔ ایک ایک لفظ پر ان کی تصویر آنکھوں میں کھنچ جاتی اور پل بھر میں وہ غم اور دکھ میں ڈوبی ہوئی مسکرانے کی کوشش کرتی ہوئی آنکھیں وہ اندوہناک سیاہ گھٹاؤں کی طرح مرجھائے ہوئے چہرے پر پڑے ہوئے گھنے بال، وہ پیلی نیلاہٹ لیے ہوئے بلند پیشانی، پژمردہ اودے ہونٹ جن کے اندر قبل از وقت توڑے ہوئے ناہموار دانت اور لاغر سوکھے سوکھے ہاتھ اور عورتوں جیسے نازک، دواؤں میں بسی ہوئی لمبی انگلیوں والے ہاتھ اور پھر ان ہاتھوں پر ورم آ گیا تھا۔ پتلی پتلی کھپچی جیسی ٹانگیں جن کے سرے پر ورم جیسے سوجے ہوئے بدوضع پیر جن کے دیکھنے کے ڈر کی وجہ سے ہم لوگ ان کے سرہانے ہی کی طرف جایا کرتے تھے اور سوکھے ہوئے پنجرے جیسے سینے پر دھونکنی کا شبہ ہوتا تھا۔ کلیجے پر ہزاروں، کپڑوں، بنیانوں کی تہیں اور اس سینے میں ایسا پھڑکتا ہوا چلبلا دل! یا اللہ یہ شخص کیوں کر ہنستا تھا، معلوم ہوتا تھا کوئی بھوت ہے یا جن جو ہر خدائی طاقت سے کشتی لڑ رہا ہے، نہیں مانتا مسکرائے جاتا ہے خدا جبار و قہار چڑھ چڑھ کر کھانسی اور دمہ کا عذاب نازل کر رہا ہے اور یہ دل قہقہے نہیں چھوڑتا۔ کون سا دنیا و دین کا دکھ تھا جو قدرت نے بچا رکھا تھا مگر پھر بھی نہ رلا سکا۔ اس دکھ

میں جلن، ہنستے نہیں ہنساتے رہنا، کسی انسان کا کام نہیں۔ ماموں کہتے تھے : زندہ لاش، خدایا اگر لاشیں بھی اس قدر جان دار، بے چین اور پھڑکنے والی ہوتی ہیں تو پھر دنیا ایک لاش کیوں نہیں بن جاتی۔ میں ایک بہن کی حیثیت سے نہیں ایک عورت بن کر ان کی طرف نظر اٹھا کر دیکھتی تو دل لرز اٹھتا تھا۔ کس قدر ڈھیٹ تھا ان کا دل۔ اس میں کتنی جان تھی۔ منہ پر گوشت نام کو نہ تھا۔ مگر کچھ دن پہلے چہرے پر ورم آ جانے سے چہرہ خوبصورت ہو گیا تھا۔ کنپٹی ابھر گئی تھیں۔ پچکے ہوئے گال دبیز ہو گئے تھے۔ ایک موت کی سی جلا چہرہ پر آئی تھی اور رنگت میں کچھ عجیب طلسمی سبزی سی آگئی تھی۔ جیسے حنوط کی ہوئی ممی، مگر آنکھیں معلوم ہوتا تھا کسی بچے کی شریر آنکھیں جو ذرا سی بات پر ناچ اٹھتی تھیں اور پھر کبھی ان میں نوجوان لڑکوں کی سی شوخی جاگ اٹھتی تھی اور یہی آنکھیں کبھی دورے کی شدت سے گھبرا کر چیخ اٹھتیں۔ ان کی صاف شفاف نیلی سطح گدلی زرد ہو جاتی اور بے کس ہاتھ لرزنے لگتے۔ سینہ پھٹنے پر آجاتا۔ دورہ ختم ہوا کہ پھر وہی روشنی، پھر وہی رقص پھر وہی چمک۔

ابھی چند دن ہوئے میں نے پہلی مرتبہ خانم پڑھی، ہیرو وہ خود نہیں۔ ان میں اتنی جان ہی کب تھی مگر وہ ہیرو ان کے تخیل کا ہیرو ہے۔ وہ ان کے دبے ہوئے جذبات کا تخیلی مجسمہ ہے جیسے ایک لنگڑا خوابوں میں ناچتا کودتا، دوڑتا ہوا دیکھتا ہے ایسے ہی وہ مرض میں گرفتار نڈھال پڑے اپنے ہمزاد کو شرارتیں کرتا دیکھتے تھے۔ کاش ایک دفعہ اور صرف ایک دفعہ ان کی خانم اس ہیرو کو دیکھ لیتی۔

شاید اوروں کے لیے خانم کچھ بھی نہیں۔ لیکن سوائے لکھنے والے کے اور باقی سارے کریکٹر درست اور زندہ ہیں بھائی صاحب، بھائی جان، نانی اماں، شیخانی، والد صاحب، بھتیجے، بھنگی بہشتی یہ سب کے سب ہیں اور رہیں گے۔ یہی ہوتا تھا بالکل یہی اور

اب بھی سب گھروں میں ایسا ہی ہوتا ہے۔ کم از کم میرے گھر میں تو تھا اور ایک ایک لفظ گھر کی سچی تصویر ہے۔ جب عظیم بیگ لکھتے تھے تو سارا گھر اور ہم ان کے لیے ایکٹنگ کیا کرتے تھے۔ ہم ہلتے جلتے کھلونے تھے اور وہ ایک نقاش جس نے بالکل اصل کی نقل کر دی۔ جتنی دفعہ خانم کو پڑھتی ہوں یہی معلوم ہوتا ہے کہ خاندان کا گروپ دیکھتی ہوں۔ وہ بھابھی جان اور خانم جھگڑ رہی ہیں۔ وہ بھائی صاحب شرارتیں ایجاد کر رہے ہیں اور مصنف خود؟ سر جھکائے خاموش تصویر کشی میں مشغول ہے۔

"کھرپا بہادر" جس کا پہلا ٹکڑا "روح لطافت" میں چھپا ہے یہ سب تخیلی ہے لاچار و مجبور انسان اپنے ہمزاد سے دنیا جہان کی شرارتیں کروالیتا ہے۔ وہ خود تو دو قدم نہیں چل سکتا۔ لیکن ہمزاد چوریاں کرتا، شرارتیں کرتا ہے۔ خود تو ایک انگلی کا بوجھ نہیں سہار سکتا، مگر ہمزاد جی بھر کر مار کھاتا ہے اور ٹس سے مس نہیں ہوتا۔ مصنف کو ارمان تھا کہ کاش وہ بھی اتنا مضبوط ہوتا کہ دوسرے بھائیوں کی طرح ڈیڑھ ڈیڑھ سو جوتے کھا کر کمر جھاڑ کر اٹھ کھڑا ہوتا۔ تندرست لوگ کیا جانیں ایک بیمار کے دل میں کیا کیا ارمان ہوتے ہیں۔ پر کٹا پرندہ ویسے نہیں تو خوابوں میں تو دنیا بھر کی سیر کر آتا ہے۔ یہی حال ان کا تھا۔ وہ جو کچھ نہ تھے افسانہ میں وہی بن کر دل کی آگ بجھالیتے تھے۔ کچھ تو چاہیے نا جینے کے لیے!

شروع ہی سے روتے دھوتے پیدا ہوئے۔ روئی کے گالوں پر رکھ کر پالے گئے۔ کمزور دیکھ کر ہر ایک معاف کر دیتا۔ قوی ہیکل بھائی سر جھکا کر پٹ لیتے۔ کچھ بھی کریں والد صاحب کمزور جان کر معاف کر دیتے۔ ہر ایک دل جوئی میں لگا رہتا۔ مگر بیمار کو بیمار کہو تو اسے خوشی کب ہوگی؟ ان مہربانیوں سے احساس کمزوری اور بڑھتا۔ بغاوت اور بڑھتی۔ غصہ بڑھتا مگر بے بس، سب نے ان کے ساتھ گاندھی جی والی نان وائلنس شروع کر دی تھی۔ وہ چاہتے تھے کوئی تو انہیں بھی انسان سمجھے۔ انہیں بھی کوئی ڈانٹے انہیں بھی کوئی

زندہ لوگوں میں شمار کرے۔ لہٰذا ایک ترکیب نکالی اور وہ یہ کہ فسادی بن گئے۔ جہاں چاہا دو آدمیوں کو لڑا دیا۔ اللہ نے دماغ دیا تھا اور پھر اس کے ساتھ بلا کا تخیل اور تیز زبان، چٹخارے لے لے کر کچھ ایسی ترکیبیں چلتے کہ جھگڑا ضرور ہوتا۔ بہن بھائی، ماں باپ سب کو نفرت ہوگئی۔ اچھا خاصا گھر میدان جنگ بن گیا اور سب مصیبتوں کے ذمہ دار خود، بس ساری خود پرستی کے جذبات مطمئن ہو گئے اور کمزور و لاچار، ہر دم کا روگی، تھیٹر کا ولین ہیرو بن گیا اور کیا چاہیے؟ ساری کمزوریاں ہتھیار بن گئیں زبان بد سے بدتر ہو گئی۔ دنیا میں ہر کوئی نفرت کرنے لگا۔ صورت سے جی متلانے لگا۔ ہنستے بولتے لوگوں کو دم بھر میں دشمن بنا لینا بائیں ہاتھ کا کام ہو گیا۔

لیکن مقصد تو یہ نہ تھا کہ واقعی دنیا انہیں چھوڑ دے۔ گھر والوں نے جتنا ان سے کھنچنا شروع کیا اتنا ہی وہ لپٹے۔ آخر میں خدا معاف کرے ان کی صورت دیکھ کر نفرت آتی تھی۔ وہ لاکھ کہتے مگر دشمن نظر آتے تھے۔ بیوی شوہر نہ سمجھتی بچے باپ نہ سمجھتے، بہن نے کہہ دیا تم میرے بھائی نہیں اور بھائی آواز سن کر نفرت سے منہ موڑ لیتے۔ ماں کہتی سانپ جنا تھا میں نے!

مرنے سے پہلے قابل رحم حالت تھی بہن ہو کر نہیں انسان بن کر کہتی ہوں جی چاہتا تھا کہ جلدی سے مر چکیں۔ آنکھوں میں دم ہے مگر دل دکھانے سے نہیں چوکتے۔ عذاب دوزخ بن گئے۔ ہزاروں کہانیوں اور افسانوں کا ہیرو ایک ولین بن کر مطمئن ہو چکا تھا۔ وہ چاہتا تھا اب بھیا سے کوئی پیار کرے، بیوی پوجا کرے، بچے محبت سے دیکھیں، بہنیں واری جائیں اور ماں کلیجے سے لگائے۔

ماں نے تو واقعی کلیجہ سے لگا لیا۔ بھولا بھٹکا راستہ پر آن لگا۔ آخر کو ماں تھی۔ مگر اوروں کے دل سے نفرت نہ گئی۔ یہاں تک کہ پھیپھڑے ختم ہو گئے۔ ورم بڑھ گیا۔

آنکھیں چندھیا گئیں اور اندھوں کی طرح ٹٹولنے پر بھی راستہ نہ ملا۔ ہیرو بن کر بھی ہار ان کی ہی رہی۔ جو چاہا نہ ملا۔ اس کے بدلے نفرت، حقارت، کراہت ملی، انسان کس قدر پر ہوس ہوتا ہے۔ اتنی شہرت اور نام ہونے کے باوجود حقارت کی ٹھوکریں کھا کر جان دی۔ صبح چار بجے، آج سے ۴۲ برس پہلے جو ننھا سا کمزور بچہ پیدا ہوا تھا۔ وہ زندگی کا ناٹک کھیل چکا تھا۔ ۲۰ اگست کو صبح شمیم نے آکر کہا۔ منے بھائی ختم ہو رہے ہیں اٹھو۔

وہ کبھی ختم نہ ہوں گے۔ بیکار مجھے جگا رہے ہو۔ میں نے بگڑ کر صبح کی ٹھنڈی ہوا میں پھر سو جانے کا ارادہ کیا۔

ارے کمبخت تجھے یاد کر رہے ہیں۔ شمیم نے کچھ پریشان ہو کر ہلایا۔

ان سے کہہ دو اب حشر کے دن ملیں گے۔ ارے شمیم وہ کبھی نہیں مر سکتے۔ میں نے وثوق سے کہا۔

مگر جب میں نیچے آئی تو ان کی زبان بند ہو چکی تھی۔ کمرہ سامان سے خالی کر دیا گیا تھا۔ سارا کوڑا کرکٹ، کتابیں ہٹا دی گئی تھیں۔ دوا کی بوتلیں، لاچاری کی تصویر بنی لڑھک رہی تھیں۔ دو ننھے بچے پریشان ہو ہو کر دروازے کو تک رہے تھے۔ بھابھی انہیں زبردستی چائے پلا رہی تھیں۔ ماں پلنگ کی چادر بدل رہی تھی۔ سوکھی سوکھی آہیں ان کے کلیجہ سے نکل رہی تھیں۔ آنسو بند تھے۔

منے بھائی میں نے ان پر جھک کر کہا۔ ایک لحہ کو آنکھیں اپنے محور پر رکیں، ہونٹ سکڑے اور پھر وہی نزع کی حالت طاری ہو گئی۔ ہم سب باہر بیٹھ کر چار گھنٹے تک سوکھے بے جان ہاتھوں کی جنگ دیکھتے رہے۔ معلوم ہوتا تھا عزرائیل بھی پست ہو رہے ہیں۔ جنگ تھی کہ ختم ہی نہ ہوتی تھی۔

ختم ہو گئے منے بھائی۔ نہ جانے کس نے کہا،

وہ کبھی ختم نہیں ہو سکتے۔ مجھے خیال آیا۔

اور آج میں ان کی کتابیں دیکھ کر کہتی ہوں ناممکن وہ کبھی نہیں مر سکتے۔ ان کی جنگ اب بھی جاری ہے مرنے سے کیا ہوتا ہے میرے لیے تو وہ مر کر ہی جیے اور نہ جانے کتنوں کے لیے وہ مرنے کے بعد پیدا ہوں گے۔ اور برابر پیدا ہوتے رہیں گے۔ ان کا پیغام دکھ سے لڑو، نفرت سے لڑو، اور مر کر بھی لڑتے رہو، یہ کبھی نہ مر سکے گا۔ ان کی باغیانہ روح کو کوئی نہیں مار سکتا۔ وہ نیک نہیں تھے۔ پارسا نہ ہوتے اگر ان کی صحت اچھی ہوتی۔ وہ جھوٹے تھے۔ ان کی زندگی جھوٹی تھی۔ سب سے بڑا جھوٹ تھی ان کا رونا جھوٹا، ہنسنا جھوٹا، لوگ کہتے ہیں ماں باپ کو دکھ دیا، بچوں کو دکھ دیا اور سارے جگ کو دکھ دیا۔ وہ ایک عفریت تھے جو عذاب دنیا بن کر نازل ہوئے اور اب دوزخ کے سوا ان کا کہیں ٹھکانہ نہیں۔ اگر دوزخ ایسے لوگوں کا ٹھکانا ہے تو ایک بار ضرور دوزخ میں جانا پڑے گا۔ صرف یہ دیکھنے کہ جس شخص نے دنیا کی دوزخ میں یوں ہنس ہنس کر تیر کھائے اور تیر اندازوں کو کڑوے تیل میں تلا وہ دوزخ میں عذاب نازل کرنے والوں کو کیا کچھ نہ چڑا چڑا کر ہنس رہا ہو گا۔ بس میں وہ تلخ طنز بھری ہنسی دیکھنا چاہتی ہوں جسے دیکھ کر دوزخ کا داروغہ بھی جل اٹھتا ہو گا۔

مجھے یقین ہے وہ اب بھی ہنس رہا ہو گا۔ کیڑے اس کی کھال کو کھا رہے ہوں گے۔ ہڈیاں مٹی میں مل رہی ہوں گی۔ ملاؤں کے فتووں سے اس کی گردن دب رہی ہو گی۔ آروں سے اس کا جسم چیرہ جا رہا ہو گا۔ مگر وہ ہنس رہا ہو گا۔ آنکھیں شرارت سے ناچ رہی ہوں گی۔ نیلے مردہ ہونٹ تلخی سے ہل رہے ہوں گے۔ مگر کوئی اسے رلا نہیں سکتا۔

وہ شخص جس کے پھیپھڑوں میں ناسور، ٹانگیں عرصہ سے اکڑی ہوئی۔ باہیں انجکشنوں سے گدی ہوئی کولھے میں امرود برابر پھوڑا، آخری دم اور چیونٹیاں جسم میں لگنا

شروع ہوگئیں۔ کیا ہنس کر کہتا ہے یہ چیونٹی صاحبہ بھی کس قدر بے صبر ہیں۔ یعنی قبل از وقت اپنا حصہ لینے آن پہنچیں۔ یہ مرنے سے دو دن پہلے کہا۔ دل چاہیے، پتھر کا کلیجہ ہو مرتے وقت جملے کسنے کے لیے۔

ان کا ایک جملہ ہو تو لکھا جائے۔ ایک لفظ ہو جو یاد آئے۔ پوری کی پوری کتابیں ایسے ایسے چٹکلوں سے بھری پڑی ہیں۔ دماغ تھا کہ انجن بنا! آگ پانی کے ہر وقت چلتا رہتا تھا اور زبان کی قینچی اس قدر نپے تلے جملے نکالتی تھی کہ جم کر رہ جاتے تھے۔

نئے لکھنے والوں کے آگے ان کی گاڑی نہیں چلی۔ دنیا بدل گئی ہے خیالات بدل گئے ہیں ہم لوگ بد زبان ہیں اور منہ پھٹ ہمارا دل دکھتا ہے تو رو دیتے ہیں سرمایہ داری سوشلزم اور بیکاری نے ہم لوگوں کو جھلسا دیا ہے۔ ہم جو کچھ لکھتے ہیں دانت پیس پیس کر لکھتے ہیں۔ اپنے پوشیدہ دکھوں، کچلے ہوئے جذبات کو زہر بنا کر اگلتے ہیں۔ وہ بھی دکھی تھے۔ نادار، بیمار اور مفلس تھے۔ سرمایہ داری سے عاجز، مگر پھر بھی اتنی ہمت تھی کہ زندگی کا منہ چڑا دیتے تھے۔ دکھ میں ٹھٹھا لگا لیتے تھے۔ وہ افسانوں ہی میں نہیں ہنستے تھے زندگی کے ہر معاملے میں دکھ کو ہنس کر نیچا کر دیتے تھے۔

باتوں کے اس قدر شوقین کہ دنیا کا کوئی انسان ہو اس سے دوستی، 'کھرپا بہادر' میں جو 'شاہ لنگران' کے حالات ہیں وہ ایک میراثن سے معلوم ہوئے۔ اس سے ایسی دوستی تھی کہ بس بیٹھے ہیں اور گھنٹوں بکواس ہو رہی ہے۔ لوگ متحیر ہیں کہ یا اللہ یہ بڑھیا میراثن سے کیا باتیں ہو رہی ہیں۔ مگر جو کچھ انہوں نے لکھا ہے اسی میراثن نے بتایا ہے۔

اور تو اور بھنگن، بہشتن، راہ چلتوں کو روک کر باتیں کرتے تھے۔ یہاں تک کہ کچھ دن ہسپتال میں رہے وہاں رات کو جب خاموشی ہو جاتی آپ چپکے سے سارے مریضوں کو سمیٹ کر گپیں اڑایا کرتے۔ ہزاروں قصے سنتے اور سناتے، وہی قصے 'سوانہ کی روحیں'،

'مہارانی کا خواب'، 'چمکی' اور 'پریڑے' بن گئے۔ وہ ہر چیز زندگی سے لیتے تھے اور زندگی میں کتنے جھوٹ ہیں۔ یہی بات ہے کہ ان کی کہانیوں میں بہت سی، بعید از قیاس معلوم ہوتی ہیں۔ چوں کہ ان کا شاعرانہ تخیل ہر بات کو یقین کرتا تھا۔

ان کی ناولیں بعض جگہ واہیات ہیں۔ فضول سی خصوصاً 'کولتار' تو بالکل ردی ہے مگر اس میں بھی حقیقت کو اصلی رنگ میں گڑبڑ کر کے لکھ دیا ہے۔ شریر بیوی تو بالکل فضول ہے مگر اپنے زمانے میں بڑی چلتی ہوئی چیز تھی۔

'چمکی' ایک دہکتا ہوا شعلہ ہے یقین نہیں آتا کہ اس قدر سوکھا مارا انسان جس نے اپنی بیوی کے علاوہ کسی کی طرف آنکھ اٹھا کر نہ دیکھا، تخیل میں کس قدر عیاش بن جاتا ہے۔ افوہ! وہ 'چمکی' کی خاموش نگاہوں کے پیغام۔ وہ ہیرو کا ان کی حرکتوں سے مسحور ہو جانا اور پھر خود مصنف کی زندگی۔ کس قدر مکمل جھوٹ۔ یہ عظیم بھائی نہیں ان کا ہمزاد ہوتا تھا جو ان کے جسم سے دور ہو کر حسن و عشق کی عیاشیاں کراتا ہے۔ عظیم بھائی کی مقبولیت یوں بھی موجودہ ادب میں یعنی بالکل نئے ادب میں نہ تھی کہ وہ کھلی باتیں نہ لکھتے تھے۔ وہ عورت کا حسن دیکھتے تھے مگر اس کا جسم بہت کم دیکھتے تھے۔ جسم کی بناوٹ کی داستانیں پرانی مثنویوں 'گل بکاؤلی'، 'زہرہ عشق' وغیرہ میں بہت نمایاں تھیں اور پھر انہیں پرانی کہہ دیا گیا۔ لیکن اب یہ فیشن نکلا ہے کہ وہی پرانا سینہ کا اتار چڑھاؤ پنڈلیوں کی گاؤدی، رانوں کا گداز نیا ادب بن گیا ہے۔ وہ اسے عریانی سمجھتے تھے اور عریانی سے ڈرتے تھے گو جذبات کی عریانی ان کے یہاں عام ہے اور بہت غلیظ باتیں بھی لکھنے میں نہیں جھجکتے تھے وہ عورت کے جذبات تو عریاں دیکھتے تھے مگر خود اسے کپڑے پہنے دیکھتے تھے وہ زیادہ بے تکلفی سے مجھ سے بات نہیں کرتے تھے اور بہت بچہ سمجھتے تھے کبھی کسی جنسی مسئلہ پر تو وہ کسی سے بحث کرتے ہی نہ تھے۔ ایک دوست سے صرف اتنا کہا کہ نئے ادیب

بڑے جوشیلے ہیں لیکن بھوکے ہیں اور اوپر سے ان پر جنسی اثر بہت ہے جو کچھ لکھتے ہیں "اماں کھانا" معلوم ہوتا ہے یہ بھی کہا کرتے تھے کہ ہندوستانی ادب میں ہر زمانہ میں جنس بہت نمایاں رہتی ہے یہاں کے لوگ جنس سے بہت متاثر ہیں۔ ہماری شاعری، مصوری، قدیم پرستش سے بھی جنسی بھوک کا پتہ چلتا ہے۔ اگر ذرا دیر عشق و محبت کو بھول جائیں تو مقبول عام نہیں رہ سکتے۔ یہی وجہ ہے کہ بہت جلد ادب میں ان کا رنگ غائب ہو کر وہی الف لیلہ کا رنگ غالب آگیا۔

انہیں حجاب امتیاز علی سے خاص لگاؤ تھا۔ (میں محترمہ سے معافی مانگ کر کہوں گی کہ مرنے والے کا راز ہے) کہا کرتے تھے۔ یہ عورت بہت پیارے جھوٹ بولتی ہے۔ انہیں شکایت تھی کہ میں بہت الٹے سیدھے جھوٹ بولتی ہوں۔ میرے جھوٹ بھوکے کی پکار ہیں! اور ان کے جھوٹ بھوکے کی مسکراہٹیں۔ اللہ جانے ان کا کیا مطلب ہوتا تھا۔

ہم ان کے افسانوں کو عموماً جھوٹ کہا کرتے تھے۔ جہاں انھوں نے کوئی بات شروع کی اور والد صاحب مرحوم ہنسے، پھر "قصر صحرا" لکھنے لگے۔ وہ ان کی گپوں کو "قصر صحرا" کہتے تھے عظیم بھائی کہتے "سرکار دنیا میں جھوٹ بغیر کوئی رنگینی نہیں! بات کو دلچسپ بنانا چاہو تو جھوٹ اس میں ملا دو۔"

وہ یہ بھی کہتے کہ جنت اور دوزخ کا بیان بھی تو 'قصر صحرا' ہے۔

اس پر ماموں کہتے : ارے زندہ لاشوں کو منع کرو یہ کفر ہے۔

اس پر وہ ماموں کے توہم پرست سسرال والوں کا تمسخر اڑاتے تھے۔ انہیں پیری مریدی ڈھونگ معلوم ہوتا تھا۔ لیکن کہتے تھے دنیا کا ہر ڈھونگ ایک مزیدار جھوٹ ہے اور جھوٹ ہی مزیدار ہے۔ کہتے تھے میری صحت اجازت دیتی تو میں اپنے باپ کی قبر پجوا دیتا۔ بس دو سال قوالی کرا دیتا اور چادر چڑھاتا۔ مزے سے آمدنی ہوتی۔

انہیں دھوکہ باز اور مکار آدمی سے مل کر بڑی خوشی ہوتی تھی۔ کہتے تھے دھوکہ اور مکاری مذاق نہیں عقل چاہیے ان چیزوں کے لیے۔ انہیں ناچ گانے سے بڑا شوق تھا مگر کس ناچ سے؟ یہ جو فقیر بچے آتے ہیں ان کا عموماً پیسے دے کر ڈھول میں ناچتے ہوئے فقیروں کو اس شوق سے دیکھا کرتے تھے کہ ان کا انہماک دیکھ کر رشک آتا تھا۔ نہ جانے انہیں اس ننگے بھوکے ناچ میں کیا کچھ نظر آتا تھا۔

میں نے انہیں کبھی نماز پڑھتے نہ دیکھا۔ قرآن شریف لیٹ کر پڑھتے تھے اور بے ادبی سے، اس کے ساتھ ساتھ سو جاتے تھے۔ لوگوں نے ملامت کی تو اس پر کاغذ چڑھا کر کہہ دیا کرتے تھے کچھ نہیں قانونی کتاب ہے۔ جھوٹ تو خوب نبھاتے تھے۔

حدیث بہت پڑھتے تھے اور لوگوں سے بحث کرنے کے لیے عجیب عجیب حدیثیں ڈھونڈ کر حفظ کر لیتے تھے اور سنا کر لڑا کرتے تھے۔ ان کی حدیثوں سے لوگ بڑے عاجز تھے۔ قرآن کی آیات بھی یاد تھیں اور بے تکان حوالہ دیتے تھے۔ شک کرو تو سرہانے سے قرآن نکال کر دکھا دیتے تھے۔

یزید کے بڑے مداح تھے اور امام حسینؑ کی شان میں بکواس کیا کرتے تھے۔ لوگوں سے گھنٹوں بحث ہوتی تھی۔ کہتے تھے "میں نے خواب میں دیکھا کہ حضرت امام حسینؑ کھڑے ہیں، ادھر سے یزید لعین آیا، آپ کے پیر پکڑ لیے، گڑگڑایا، ہاتھ جوڑے تو آپ کا خون جوش مارنے لگا اور اسے اٹھا کر سینے سے لگا لیا۔ بس میں نے بھی اس دن سے یزید کی عزت شروع کر دی۔ جنت میں تو ان کا ملاپ بھی ہو گیا، پھر ہم کیوں لڑیں۔"

سیاست سے کم دلچسپی تھی۔ کہتے تھے "بابا ہم لیڈر بن نہیں سکتے تو پھر کیا کہیں، لوگ کہیں گے تم ہی کچھ کر کے دکھاؤ اور یہاں کمبخت کھانسی اور دمہ نہیں چھوڑتا۔" بہت سال ہوئے کچھ مضامین "ریاست" میں سیاسیات اور اکنامکس پر لکھے تھے وہ نہ جانے کیا

ہوئے۔ مذہب کا جنون سا تھا۔ مگر آخر میں بحث کم کر دی تھی اور کہتے تھے:۔

"بھئی تم لوگ تو ہٹے کٹے ہو اور میں مرنے والا ہوں اور جو کہیں دوزخ جنت سب نکل آئیں تو کیا کروں گا۔ لہٰذا چپ ہی رہو۔" پردہ کے خلاف تو کبھی سے تھے مگر آخر میں کہتے تھے۔ "یہ پرانی بات ہوگئی اب پردہ روکے نہیں رک سکتا۔ اس معاملہ میں ہم کر چکے۔ اب تو نئی پریشانیاں ہیں۔" لوگ کہتے تھے دوزخ میں جاؤ گے، تو فرماتے، "یہاں کون سی اللہ میاں نے جنت دے دی جو وہاں دوزخ کی دھمکیاں ہیں۔ کچھ پرواہ نہیں ہم تو عادی ہیں۔ اللہ میاں اگر ہمیں دوزخ میں جلائیں گے تو ان کی لکڑی اور کوئلہ بیکار جائے گا۔ کیونکہ ہم تو ہر عذاب کے عادی ہیں۔" کبھی کہتے "اگر دوزخ میں رہے تو ہمارے جراثیم تو مر جائیں گے۔ جنت میں تو ہم سارے مولویوں کو دق میں لپیٹ لیں گے۔"

یہی وجہ ہے کہ سب انہیں باغی اور دوزخی کہتے ہیں۔ وہ کہیں پر بھی جائیں۔ میں یہ دیکھنا چاہتی ہوں کیا وہاں بھی ان کی وہی قینچی جیسی زبان چل رہی ہے؟ کیا وہاں وہ حوروں سے عشق لڑا رہے ہیں یا دوزخ کے فرشتوں کو جلا کر مسکرا رہے ہیں۔ مولویوں سے الجھ رہے ہیں یا دوزخ کے بھڑکتے شعلوں میں ان کی کھانسی گونج رہی ہے۔ پھیپھڑے پھول رہے ہیں اور فرشتے ان کے انجکشن گھونپ رہے ہیں۔ فرق ہی کیا ایک دوزخ سے دوسری دوزخ میں۔ "دوزخی" کا کیا ٹھکانہ۔

***

نور جہاں سرور جہاں

سعادت حسن منٹو

میں نے شاید پہلی مرتبہ نور جہاں کو فلم "خاندان" میں دیکھا تھا۔ اس زمانے میں وہ بے بی تھی۔ حالانکہ پردے پر وہ ہر گز اس قسم کی چیز معلوم نہیں ہوتی تھی۔ اس کے جسم میں وہ تمام خطوط، وہ تمام قوسیں موجود تھیں جو ایک جوان لڑکی کے جسم میں ہو سکتی ہیں اور جن کی وہ بوقت ضرورت نمائش کر سکتی ہے۔

'نور جہاں' ان دنوں فلم بین لوگوں کے لئے ایک فتنہ تھی، قیامت تھی۔ لیکن مجھے اس کی شکل و صورت میں ایسی کوئی چیز نظر نہ آئی۔ ایک فقط اس کی آواز قیامت خیز تھی۔ سہگل کے بعد، میں نور جہاں کے گلے سے متاثر ہوا۔ اتنی صاف و شفاف آواز، مرکیاں اتنی واضح، کھرج اتنا ہموار، پنچم اتنا نوکیلا! میں نے سوچا، اگر یہ لڑکی چاہے تو گھنٹوں ایک سر پر کھڑی رہ سکتی ہے، اسی طرح، جس طرح بازی گر تنے ہوئے رسہ پر بغیر کسی لغزش کے کھڑے رہتے ہیں۔

نور جہاں کی آواز میں اب وہ لوچ، وہ رس، وہ بچپنا اور وہ معصومیت نہیں رہی، جو کہ اس کے گلے کی امتیازی خصوصیت تھی۔ لیکن پھر بھی نور جہاں، نور جہاں ہے۔ گو لتا منگیشکر کی آواز کا جادو آج کل ہر جگہ چل رہا ہے۔ اگر کبھی نور جہاں کی آواز فضا میں بلند ہو تو کان اس سے بے اعتنائی نہیں برت سکتے۔

نور جہاں کے متعلق بہت کم آدمی جانتے ہیں کہ وہ راگ ودیا اتنا ہی جانتی ہے جتنا کہ کوئی استاد۔ وہ ٹھمری گاتی ہے، خیال گاتی ہے، دھرپد گاتی ہے، اور ایسا گاتی ہے کہ گانے کا حق ادا کرتی ہے۔ موسیقی کی تعلیم تو اس نے یقیناً حاصل کی تھی کہ وہ ایسے گھرانے میں پیدا ہوئی، جہاں کا ماحول ہی ایسا تھا۔ لیکن ایک چیز خداداد بھی ہوتی ہے۔ موسیقی کے علم سے کسی کا سینہ معمور ہو، مگر گلے میں رس نہ ہو تو آپ سمجھ سکتے ہیں کہ خالی خولی علم سننے والوں پر کیا اثر کر سکے گا۔ نور جہاں کے پاس علم بھی تھا اور وہ خداداد چیز بھی کہ جسے گلا کہتے ہیں۔ یہ دونوں چیزیں مل جائیں تو قیامت کا برپا ہونا لازمی ہے۔

میں یہاں آپ کے لیے ایک دلچسپ بات بتاؤں کہ وہ لوگ جن پر خدا کی مہربانی ہوتی ہے، وہ اس سے ناجائز فائدہ بھی اٹھاتے ہیں۔ میرا مطلب ابھی آپ پر واضح ہو جائے گا۔ چاہیے تو یہ کہ جو چیز خدا نے عطا کی ہو، اس کی حفاظت کی جائے، تاکہ وہ مسخ نہ ہو۔ لیکن میں نے اکثر دیکھا ہے کہ لوگ ان کی پروا نہیں کرتے۔ بلکہ غیر شعوری یا شعوری طور پر پوری کوشش کرتے ہیں کہ وہ تباہ و برباد ہو جائے۔

شراب گلے کے لئے سخت غیر مفید ہے لیکن سہگل مرحوم ساری عمر بلانوشی کرتے رہے۔ کھٹی اور تیل کی چیزیں گلے کے لئے تباہ کن ہیں، یہ کون نہیں جانتا؟ مگر نور جہاں پاؤ پاؤ بھر تیل کا اچار کھا جاتی ہے۔ اور لطف کی بات یہ ہے کہ جب اسے فلم کے لئے گانا ہوتا ہے تو وہ خاص اہتمام سے پاؤ بھر اچار کھائے گی، اس کے بعد برف کا پانی پیے گی، پھر مائیکروفون کے پاس جائے گی۔ اس کا کہنا یہ ہے کہ "اس طرح آواز نکھر جاتی ہے۔"

یوں آواز کیونکر نکھرتی ہے، گلا کیسے صاف ہوتا ہے، اس کے متعلق نور جہاں ہی بہتر جانتی ہے۔ یوں میں نے اشوک کمار کو بھی برف استعمال کرتے دیکھا ہے کہ جب اسے گانے کی صدابندی کرانا ہوتی ہے وہ سارا وقت برف کے ٹکڑے چباتا رہتا ہے۔

جب تک ریکارڈ زندہ ہیں، سہگل مرحوم کی آواز کبھی نہیں مر سکتی۔ اسی طرح نور جہاں کی آواز بھی ایک عرصے تک زندہ رہے گی اور آنے والی نسلوں کے کانوں میں اپنا شہد ٹپکاتی رہے گی۔

نور جہاں کو میں نے صرف پردے پر دیکھا تھا۔ میں اس کی شکل و صورت اور اداکاری کا نہیں، اس کی آواز کا شیدائی تھا۔ وہ کم عمر تھی۔ اس لیے مجھے حیرت تھی کہ وہ کیونکر اتنے دل فریب طریقے سے گا سکتی ہے۔ ان دنوں دو آدمیوں کا دور دورہ تھا۔ مرحوم سہگل کا اور نور جہاں کا۔ یوں تو ان دنوں خورشید چھائی ہوئی تھی، شمشاد کے بھی چرچے تھے مگر نور جہاں کی آواز میں سب کی آواز دب گئی۔

ثریا بعد کی پیداوار ہے۔ مجھے افسوس ہے کہ سہگل اور ثریا اکٹھے فلم میں پیش ہوئے لیکن نور جہاں اور وہ دونوں الگ الگ رہے۔ معلوم نہیں، پروڈیوسروں کے دماغ میں ان دونوں کو یکجا کرنے کا خیال پیدا نہ ہوا یا کسی اور وجہ سے پروڈیوسر ان کو ایک فلم میں کاسٹ نہ کر سکے۔ بہر حال مجھے اس کا افسوس ہے اور ہمیشہ رہے گا۔ اگر وہ دونوں آمنے سامنے ہوتے تو موسیقی کی دنیا میں نہایت خوشگوار انقلاب برپا ہوتا۔

نور جہاں سے میری پہلی ملاقات کیسے ہوئی، کب ہوئی اور کہاں ہوئی۔۔۔ یہ ایک لمبی داستان ہے۔ میں کئی برس تک بمبئی کی فلمی دنیا میں گزار کر چند وجوہ کی بنا پر دل برداشتہ ہو کر دہلی چلا گیا۔ وہاں پر میں نے آل انڈیا ریڈیو میں ملازمت کر لی۔ مگر یہاں سے بھی دل اچاٹ ہو گیا۔ بمبئی سے "مصور" کے ایڈیٹر نذیر لدھیانوی کے متعدد خطوط آئے کہ تم واپس چلے آؤ۔ 'خاندان' کے ڈائریکٹر شوکت حسین رضوی یہاں آئے ہوئے ہیں اور میرے ہی پاس ٹھہرے ہیں۔ ان کی یہ خواہش ہے کہ تم ان کے لئے ایک کہانی لکھو۔

میں دہلی چھوڑ کر چلا گیا۔ یہ اس زمانے کی بات ہے کہ جب کرپس مشن فیل ہو چکا تھا۔ میں غالباً ے اگست ۱۹۴۲ء کو بمبئی پہنچا۔ شوکت سے میری پہلی ملاقات ۱۷ اڈلفی چیمبرز کلیئر روڈ پر ہوئی۔ جو دفتر بھی تھا اور رہائشی مکان بھی۔ بڑا بانکا چھیلا نوجوان تھا۔ گورا رنگ، گالوں پر سرخی، مہین مہین جون گلبرٹ اسٹائل کی مونچھیں، گھنگھریالے بال، لمبا قد، بہت خوش پوش، بے داغ پتلون، شکنوں سے بے نیاز کوٹ ٹائی کی گرہ نہایت عمدہ، چال میں لٹک، ہم پہلی ملاقات میں ہی خوب گھل مل گئے۔

میں نے اس کو بہت مخلص انسان پایا۔ میں دہلی سے اپنے ساتھ اپنے پسندیدہ سگریٹ یعنی کریون اے کا کافی اسٹاک لے کر آیا تھا۔ جنگ چھڑی ہوئی تھی، اس لیے بمبئی میں یہ سگریٹ قریب قریب نایاب تھے۔ شوکت نے میرے پاس بیس پچیس ڈبے اور پچاس کے قریب ڈبیاں دیکھیں تو بہت خوش ہوا۔

ہم دونوں کا قیام وہیں 17 اڈلفی چیمبرز میں تھا۔ دو کمرے تھے جہازی سائز کے۔ ایک میں دفتر تھا، دوسرے میں رہائشی معاملہ۔ مگر رات کو ہم دفتر میں سوتے تھے۔ مرزا مشرف وغیرہ آجاتے تھے، وہ ہماری چارپائیاں بچھا دیتے تھے۔ جب تک شوکت وہاں رہا، بڑے ہنگامے رہے، کریون اے کے سگریٹ اور ناسک کی ہرن مارکہ وسکی جو بڑی واہیات تھی۔ لیکن اس کے سوا اور کوئی چارہ ہی نہ تھا۔ شوکت "خاندان" کے بعد گو بہت بڑا ڈائریکٹر بن گیا تھا۔ مگر لاہور سے بمبئی پہنچنے اور وہاں کچھ دیر رہنے کے دوران میں وہ سب کچھ خرچ ہو چکا تھا جو اس نے لاہور میں فلم کی ہنگامی اور اخراجات سے پر زندگی گزارنے کے بعد پس انداز کیا تھا۔ اور میرے پاس تو صرف چند سو تھے جو کہ ہرن مارکہ وسکی میں غرق ہو گئے۔

بہر حال کسی نہ کسی حیلے گزر ہوتا رہا۔ وہ وقت بہت نازک تھا۔ میں سات اگست کو

وہاں پہنچا اور ۹ اگست کی صبح کو جب میں نے کہیں ٹیلی فون کرنے کی کوشش کی تو لائن "ڈیڈ" یعنی مردہ تھی۔ بعد میں پتہ چلا کہ کانگریسی لیڈروں کی گرفتاریاں چونکہ عمل میں آرہی تھیں، اس لیے احتیاطاً ٹیلی فون کا سارا سلسلہ منقطع کر دیا گیا تھا۔

گاندھی جی، جواہر لعل نہرہ اور ابوالکلام آزاد وغیرہ سب گرفتار کر لیے گیے، اور کسی نامعلوم جگہ منتقل کر دیے گئے۔ شہر کی فضا بالکل ایسی تھی جیسے بھری بندوق۔ باہر نکلنے کا تو سوال ہی نہ پیدا ہوتا تھا۔ کئی دن تک ہم ہرن مارکہ شراب پی کر اپنا وقت کاٹتے رہے۔ اس دوران فلم انڈسٹری میں بھی انقلاب برپا ہو چکا تھا۔ حالات چونکہ غیر یقینی تھے اس لیے کسی نئے فلم کی تیاری کون کرتا۔ چنانچہ جن لوگوں سے شوکت کی بات چیت ہو رہی تھی، ایک غیر معینہ عرصے کے لئے کھٹائی میں پڑگئی اور ہم نذیر لدھیانوی کے ہاں پکے ہوئے بدمزے کھانے کھا کر لمبی تان کر سوتے رہے۔ لیکن پھر بھی کبھی کبھار زندگی کے آثار پیدا ہو جاتے تھے اور ہم کہانیوں کے متعلق سوچنا شروع کر دیتے تھے۔

اسی دوران میں مجھے معلوم ہوا کہ نور جہاں بھی بمبئ میں ہے لیکن ٹھہریئے! میں آپ کو بتاؤں کہ مجھے کیسے معلوم ہوا۔ میرا حافظہ جواب دے گیا تھا۔ اصل میں مجھے یہ آٹھ اگست ہی کو معلوم ہو گیا تھا جبکہ میری ملاقات ابھی شوکت سے نہیں ہوئی تھی۔

مجھے ماہم جا کر اپنے چند رشتہ داروں سے ملنا تھا۔ اس کے علاوہ مجھے ایک ریڈیو آرٹسٹ ثمینہ کا پتہ لینا تھا۔ (بعد میں کرشن چندر سے جس کے مراسم رہے۔) اس لڑکی کو میں نے آل انڈیا ریڈیو دہلی سے بمبئ بھیجا تھا کیونکہ اس کو فلم میں کام کرنے کا شوق تھا۔ میں نے اسے پرتھوی راج اور برج موہن کے نام تعارفی خط لکھ کر دے دیے تھے اور اب میں یہ معلوم کرنا چاہتا تھا کہ آیا وہ فلمی دنیا میں داخل ہو چکی ہے یا نہیں۔۔۔! لڑکی ذہین تھی، کردار اس کا بہت اچھا تھا، مکالمے بہت روانی کے ساتھ ادا کرتی تھی، شکل وصورت

کی بھی خاصی تھی۔ اس لیے مجھے یقین تھا کہ وہ کامیاب ہو گئی ہو گی۔

مجھے پتہ چلا کہ وہ شیواجی پارک میں کہیں رہتی ہے۔ مگر یہ اتنی بڑی جگہ ہے کہ ثمینہ خاتون کا پتہ لگانا بہت مشکل تھا۔ چنانچہ میں نظامی صاحب کے ہاں روانہ ہو گیا جو قریب ہی کیڈل روڈ پر رہتے تھے۔ مجھے ان کا ایڈریس معلوم تھا کہ وہ اکثر مجھے خط لکھتے رہتے تھے۔ یہ وہی نظامی ہیں جنھوں نے ممتاز شانتی کو تربیت دی۔ جن کے پاس ولی صاحب برسوں پڑے رہے اور آخر میں ممتاز شانتی کو نظامی صاحب کے بتائے ہوئے اصولوں کے تحت ہی لے اڑے۔ یہ وہی نظامی صاحب ہیں جن کی بیوی گیتا نظامی کے نام سے فلمی دنیا میں مشہور ہوئی اور جس نے نظامی صاحب کو لات مار کر پے در پے کئی شادیاں کیں۔ عدالتوں میں جس کے کئی مقدمے چلے اور جو اب ایک نئی خوبصورت لڑکی کے ساتھ ڈانس پارٹی بنا کر شہر بہ شہر پاکستان کا پرچار کر رہے ہیں۔

نظامی صاحب سے میری ملاقاتیں صرف خطوط تک ہی محدود تھیں اور وہ بھی بڑے رسمی تھے۔ میں نے ان کو پہلی مرتبہ ان کے فلیٹ پر دیکھا۔ میں اگر اس ملاقات کو بیان کروں تو میرا خیال ہے، دس پندرہ صفحے اس کی نذر ہو جائیں گے، اس لیے میں اختصار سے کام لوں گا۔ نظامی صاحب جو کہ دھوتی اور بنیان پہنے تھے، مجھے بڑے تپاک سے ملے۔ انہوں نے میرے آنے کا مقصد پوچھا جو میں نے عرض کر دیا۔ آپ نے کہا، "ثمینہ خاتون ابھی آپ کے قدموں میں حاضر ہو جائے گی۔"

ان کا ایک مریل قسم کا ہندو منیجر تھا۔ اس کو آپ نے حکم دیا کہ منٹو صاحب کے لئے فوراً ثمینہ خاتون کو حاضر کرو۔ یہ حکم دینے کے بعد وہ میری طرف متوجہ ہوئے اور کہا کہ وہ میرے لیے ہر قسم کی خدمت کے لیے حاضر ہیں۔ چنانچہ انہوں نے فوراً زبانی طور پر میرے لیے ایک عمدہ فلیٹ، بہترین فرنیچر اور ایک عدد کار کا بندوبست کر دیا۔

ظاہر ہے کہ میں بہت خوش ہوا۔ چنانچہ میں نے مناسب اور موزوں الفاظ میں ان کا شکریہ ادا کیا جس کی ان کو بالکل ضرورت نہیں تھی، اس لیے کہ وہ میرے افسانوں کے گرویدہ تھے۔ قارئین سے مجھے یہ کہنے کی ضرورت نہیں کہ نظامی صاحب زبانی جمع خرچ کے بادشاہ ہیں۔ نظامی کچھ بھی ہو، لوگ اسے بھڑوا کہیں، کنجر کہتے ہیں۔ کچھ بھی ہو۔ مجھے اس کا حدود اربعہ معلوم نہیں۔ لیکن میرا مطالعہ یہ کہتا ہے کہ وہ ایک مہم جو انسان ہے۔ وہ اپنے فن میں پوری پوری مہارت رکھتا ہے۔ میں نے اس روز، یعنی پہلی ملاقات کے دن ہی دیکھا ممتاز شانتی پر اس کا اتنا رعب داب تھا کہ کسی باپ کا بھی نہیں ہو سکتا اور ولی صاحب اس کے سامنے یوں جھکتے تھے کہ جیسے کوئی سائیس!

وہ اس گھر کا بادشاہ تھا جس کو سب خراج ادا کرتے تھے۔ اس کا کام صرف پروڈیوسروں کو کھانے اور شراب کی دعوتیں دینا، اور بلیک مارکیٹ سے پٹرول خریدنا تھا اور ممتاز شانتی کو کامیاب ہونے کے گر بتانا تھا کہ دیکھو! اگر تم یوں مسکراؤ گی تو فلاں پروڈیوسر سے تمہیں کنٹریکٹ لینے کا ذمہ میں لیتا ہوں۔ اگر تم فلاں سیٹھ سے یوں ہاتھ ملاؤ گی تو اس کا مطلب ہے کہ دس ہزار روپے اسی رات ہماری جیب میں ہوں گے۔ میں وہاں بیٹھا تھا اور حیران ہو رہا تھا کہ میں کس دنیا میں آنکلا ہوں۔ وہاں ہر چیز مصنوعی تھی۔ ولی صاحب، نظامی صاحب کے حکم پر ان کا سلیپر اٹھا کے لائے اور جھک کر ان کے قدموں میں رکھ دیا۔ اس میں بناوٹ تھی۔۔۔ خدا کی قسم! یکسر بناوٹ تھی۔

اور ممتاز شانتی دوسرے کمرے میں معمولی لباس میں۔۔۔ نہایت معمولی لباس میں، کھڑکی کے پردوں کے لئے کیلیں ٹھونک رہی تھی، اور نظامی کہہ رہا تھا، "منٹو صاحب! یہ بچی نہایت سادہ ہے۔ فلم لائن میں رہ کر بھی اسے آس پاس کی دنیا کا کچھ علم نہیں۔ مردوں کی طرف تو یہ نگاہ اٹھا کر بھی نہیں دیکھتی اور یہ سب میری تربیت کا نتیجہ

ہے۔"

میرا دل کہتا تھا کہ یہ سب فراڈ ہے، یہ سب جعل ہے، لیکن مجھے نظامی صاحب کی ا ن کے منہ کے سامنے تعریف کرنا پڑی۔

لیکن بات نور جہاں کی ہو رہی تھی۔

ممتاز شانتی کو سیدھے راستے پر لگانے اور اس کو صالح تربیت دینے کے متعلق باتیں ہو رہی تھیں تو نظامی صاحب نے نور جہاں کا ذکر کیا اور مجھے بتایا کہ ان دنوں وہ بھی ان کے زیر سایہ ہے اور ممتاز کی طرح تربیت حاصل کر رہی ہے۔ آپ نے کہا:

"منٹو صاحب! اگر یہ لڑکی زیادہ دیر لاہور میں رہتی تو اس کا بیڑہ غرق ہو جاتا، میں نے اسے یہاں اپنے پاس بلا لیا ہے اور سمجھایا ہے کہ دیکھو بیٹا! صرف فلم اسٹار بننے سے کچھ نہیں ہو گا۔ کوئی سہارا بھی ہونا چاہئے۔ اول تو شروع میں عشق لڑانے کی کوئی ضرورت نہیں ادھر ادھر دونوں طرف سے خوب کماؤ۔ جب بینک میں تمہارا کافی روپیہ جمع ہو جائے تو کسی ایسے شریف آدمی سے شادی کر لو جو ساری عمر تمہارا غلام بن کے رہے۔ آپ کا کیا خیال ہے منٹو صاحب! آپ تو بڑے دانا ہیں۔"

میری ساری دانائی تو نظامی صاحب کے فلیٹ میں داخل ہوتے ہی نیچے فٹ پاتھ پر بھاگ گئی تھی۔ میں کیا جواب دیتا؟ بس کہہ دیا کہ آپ جو کر رہے ہیں وہ مصلحت کے خلاف کیونکر ہو سکتا ہے۔ وہ بہت خوش ہوئے۔ چنانچہ انہوں نے آواز دے کر نور جہاں کو بلایا مگر اسی وقت ٹیلی فون کی گھنٹی بجی اور چند لمحات کے بعد نور جہاں کی آواز کسی کمرے سے آئی، "ابھی آتی ہوں، کمال صاحب کا فون آیا ہے۔"

نظامی صاحب زیرِ لب مسکرائے۔ یہ کمال صاحب، حیدر امروہی تھے۔۔۔ "پکار کے شہرت یافتہ" نظامی صاحب مجھ سے مخاطب ہوئے، "میں عرض کر رہا تھا کہ سہارا

ہونا چاہیے تو نور جہاں کے لئے کمال امروہی سے بہتر سہارا اور کون ہو سکتا ہے۔ لیکن میں اس سے صاف صاف کہہ چکا ہوں کہ شادی وادی کا معاملہ غلط ہے، بس اپنا الو سیدھا کیے جاؤ۔ کمال کما سکتا ہے۔ اس کی آدھی کمائی اگر نور جہاں کو مل جایا کرے تو کیا ہرج ہے۔ اصل میں منٹو صاحب ان ایکٹرسوں کو روپیہ کمانے کے گر آنے چاہئیں۔" میں نے مسکرا کر کہا، "آپ گرو جو موجود ہیں۔" نظامی خوش ہو گیا اور اس نے مجھے فوراً ایک فسٹ کلاس لیمن سکواش پلایا۔

بس یہاں۔۔۔ نظامی صاحب کے فلیٹ میں، جہاں نور جہاں کی سائنٹیفک طریقے پر تربیت ہو رہی تھی، اس کو وہ تمام چلتر خالص نظامی صاحب کی نگرانی میں سکھائے جا رہے تھے، میری نور جہاں سے سرسری سی ملاقات ہوئی اور میرا ردِ عمل یہ تھا کہ یہ لڑکی اپنی جوانی کی منزلیں بڑی سرعت سے طے کر رہی ہے اور جس کے ہونٹوں پر مسکراہٹ اور ہنسی تجارتی رنگ اختیار کر رہی ہے اور جو موٹاپے کی طرف مائل ہے، اپنے استاد کی بہترین شاگرد ثابت ہو گی۔

لیکن قدرت کو کچھ اور ہی منظور تھا۔

نظامی کی خواہش دراصل یہ تھی کہ جس طرح ممتاز شانتی اس کے قبضے میں ہے اور اس کا رعب داب تسلیم کرتی ہے اسی طرح وہ ایک بوڑھی نائکہ کی طرح نور جہاں کو بھی اپنی نوچی بنا لے۔

ممتاز شانتی کی ساری آمدنی نظامی کی تحویل میں رہتی تھی۔ ظاہر ہے کہ ممتاز شانتی کے مقابلے میں نور جہاں کی قدر و قیمت بہت زیادہ تھی اور نظامی کا ہوشیار دماغ اچھی طرح جانتا تھا کہ نور جہاں کا مستقبل خیرہ کن ہے۔ چنانچہ وہ اس کو اپنے جال میں پھنسانے کی تیاریاں مکمل کر رہا تھا کہ۔۔۔

سید شوکت حسین رضوی بمبئی پہنچ گیا۔ وہ شوکت، وہ رضوی جس سے نور جہاں کا عشق پنچولی اسٹوڈیوز میں لڑ چکا تھا، مقدمہ بازی بھی ہو چکی تھی اور بچنے کی خاطر نور جہاں نے عدالت میں یہ بیان دیا تھا کہ شوکت صاحب سے اس کا کوئی ناجائز تعلق نہیں وہ تو انہیں اپنا بھائی سمجھتی ہے۔

نور جہاں کا یہ عدالتی بھائی اب بمبئی میں موجود تھا۔ وسیع و عریض بمبئی میں، جو فلمی دنیا کی ہالی ووڈ تھی۔

میں نے شوکت سے بات کی کہ میں نور جہاں سے ملا ہوں۔ اس وقت مجھے ان کے رومان کے متعلق کچھ معلوم نہ تھا۔ میں یہ تو جانتا تھا کہ دونوں کے تعلقات کشیدہ ہیں۔ میں نے صرف بر سبیلِ تذکرہ اس کو بتایا تھا کہ نور جہاں سے میری ملاقات نظامی صاحب کے گھر میں ہوئی ہے۔ ہرن مارکہ شراب کا گلاس زور سے تپائی پر رکھ کر اس نے بڑی تندہی سے کہا، "لعنت بھیجو، اس پر۔" میں نے ازراہِ مذاق کہا، "میں ہزار بار اس کے لیے تیار ہوں، مگر بھئی! وہ تمہارے خاندان کی ہیروئن رہ چکی ہے۔"

شوکت ذہین ہے۔ فوراً سمجھ گیا کہ میں لفظ "خاندان" پر کھیلا ہوں اور اسے ذومعنی استعمال کیا ہے، مسکرا دیا، "منٹو تم بہت شریر ہو۔ لیکن بات یہ ہے کہ میں اس کے متعلق کوئی بات نہیں سننا چاہتا۔ مجھے معلوم ہے کہ وہ بمبئی میں ہے۔ سالی! میرے پیچھے پیچھے آئی ہے لیکن مجھے اب اس سے کوئی سروکار نہیں۔"

میں نے جب اس کو بتایا کہ وہ کمال امروہی کو ٹیلیفون کر رہی تھی اور یہ کہ نظامی ان دونوں کو قریب لانا چاہتا ہے تو میں نے محسوس کیا کہ وہ بظاہر بے اعتنائی اور بے پرواہی ظاہر کر رہا ہے مگر اندرونی طور پر سخت بے چین ہو گیا ہے۔ اس لیے فوراً ہی ہرن مارکہ وسکی کا ایک اور ادھا مرزا مشرف سے منگوایا اور ہم رات دیر تک پیتے رہے۔

اس دوران میں لمبے وقفوں کے بعد نور جہاں کا ذکر چھڑ جاتا تھا۔ میں نے شوکت کی گفتگو سے یہ نتیجہ اخذ کیا کہ وہ ابھی تک اس کی محبت میں گرفتار ہے۔ بھائی والا معاملہ تو محض حکمتِ عملی تھا۔ اس کو وہ راتیں یاد آرہی تھیں جب نغموں کی ننھی منی شہزادی اس کی آغوش میں ہوتی تھی۔ اور جب غالباً دونوں ایک دوسرے سے جدا نہ ہونے کی قسمیں کھایا کرتے تھے۔

میں نے ایک دن شوکت سے پوچھ ہی لیا، "دیکھو یار بتاؤ! بچ سچ بتاؤ۔۔۔! کیا تمہیں نور جہاں سے محبت نہیں ہے؟" شوکت نے زور سے اپنے سگریٹ کی راکھ جھاڑی اور کسی قدر کھسیانے پن سے کہا، "ہے یار۔۔۔ ہے۔۔۔ مگر لعنت بھیجو اس پر۔ میں اس کو آہستہ آہستہ بھول جاؤں گا۔"

لیکن قدرت زیرِ لب مسکرا رہی تھی، وہ جو فیصلہ کر چکی تھی، اٹل تھا۔ شوکت کا کنٹریکٹ سیٹھ وی۔ ایم ویاس سے ہوا جو اس سے پہلے ایک فلم کے لئے نور جہاں سے معاہدہ کر چکا تھا۔

اب لگے ہاتھوں سیٹھ وی۔ ایم ویاس کے متعلق بھی سن لیجئے۔ یہ ایک کائیاں آدمی ہے۔ شروع شروع میں طبلچی تھا، پھر کیمرہ قلی ہوا، آہستہ آہستہ کیمرہ مین بن گیا۔ ترقی کے اور زینے طے کیے تو ڈائرکشن کا موقع مل گیا۔ یہاں سے چھلانگ لگائی تو پروڈیوسر، اب وہ ڈائرکٹر اور پروڈیوسر ہے اور لاکھوں میں کھیل رہا ہے۔ بہت ہی منحنی قسم کا انسان ہے مجھ سے بھی کہیں پتلا۔ اتنا پتلا کہ اسے قمیص کے نیچے ایک موٹا اونی بنیان پہننا پڑتا ہے کہ اس کی پسلیاں لوگوں کو نظر نہ آئیں۔ مگر بلا کا پھرتیلا ہے اور بڑا محنتی۔ اس کے مقابلے میں پہلوان تھک جائیں گے مگر وہ ڈٹا رہے گا جیسے مشقت اس پر اثر انداز ہو ہی نہیں سکتی۔ اس کی ایک خوبی اور ہے کہ وہ اپنے ذاتی سرمائے سے فلم نہیں بناتا۔ ایک فلم تیار

کر کے اور اس کو ٹھکانے لگا کر وہ اپنے دوسرے فلم کا اعلان کر دیتا ہے۔ اس وقت کے جتنے اونچے ستارے ہوتے ہیں وہ اپنی کاسٹ میں جمع کر لیتا ہے۔ کہانی کا اس وقت نام و نشان تک نہیں ہوتا۔ کوئی نہ کوئی " فائی نینسر " اس کے دام میں آجاتا ہے۔ چنانچہ اس سے روپیہ لے کر وہ 'کالی' کا نام لے کر کام شروع کر دیتا ہے۔

نور جہاں بمبئی آئی تو اس کو پتہ چل گیا، چنانچہ اس نے فوراً ہی نور جہاں سے کنٹریکٹ کر لیا۔ اس لیے کہ وہ جانتا تھا کہ "خاندان" اور دوسرے فلموں کی قابلِ رشک کامیابی کے بعد اس کا نام ہی کسی "فائی نینسر" کو پھانسنے کے لئے کافی ہے۔ اور جب اس کو معلوم ہوا کہ خاندان کا ڈائریکٹر بھی بمبئی میں موجود ہے تو اس کی باچھیں کھل گئیں۔ اس نے فوراً اپنے کارندے دوڑائے۔ شوکت حسین رضوی سے کئی ملاقاتیں کیں اور اس کے ساتھ بھی ایک پکچر کا معاہدہ کر لیا۔

فلم کیا ہوگا؟ کیسا ہوگا؟ کہانی کیا ہے؟ یہ کسی کو معلوم نہ تھا۔ مگر سیٹھ وی۔ ایم ویاس نے جب اپنے 'فائی نینسر' کو نور جہاں اور شوکت سے اپنی "سن رائیز پکچرز" کے کنٹریکٹ دکھائے تو مطلوبہ سرمایہ کسی دقت کے بغیر فوراً مل گیا۔

قدرت بھی عجیب کھیل کھیلتی ہے۔ نہ شوکت کو معلوم تھا کہ نور جہاں "سن رائیز" میں آچکی ہے اور نہ نور جہاں کو پتہ تھا کہ اس کا عدالتی بھائی شوکت بھی اس کا ہمراہی ہے۔ بڑی لمبی داستان ہے۔ میں اسے مختصر کرنا چاہتا ہوں۔

ایک دن یہ راز فاش ہو گیا۔ نظامی بہت گھبرایا کہ ایسا نہ ہو بنا بنایا کھیل بگڑ جائے۔ جو فلم شوکت کو ڈائریکٹ کرنا تھی، اس کی ہیروئن نور جہاں مقرر کی گئی تھی۔ دونوں کا "پنر ملن" نظامی کے لئے بڑا اندوہناک ثابت ہو سکتا تھا۔ چنانچہ نور جہاں کے والی کی حیثیت سے اس نے سیٹھ ویاس سے کہا کہ وہ ہرگز ہرگز اس قسم کا سلسلہ برداشت نہیں کرے

گا۔ مگر سیٹھ دیاس نظامی سے کچھ زیادہ ہی کائیاں نکلا کہ اس نے اپنی گجراتی حکمتِ عملی سے جو کہ پنجابی حکمت عملی کے معاملے میں بڑی گہری اور دھانسو قسم کی ہوتی ہے، نظامی کو ہموار کر دیا اور وہ راضی ہو گیا کہ نور جہاں شوکت کی پکچر میں کام کرے گی اور ضرور کرے گی، چاہے ادھر کی دنیا ادھر ہو جائے۔ چنانچہ وہیں دفتر میں دونوں نے ایک دوسرے سے معانقہ کیا۔ ہاتھ ملائے اور ایک دوسرے کے بھائی بن گئے۔

اب دونوں اپنی اپنی جگہ پر خوش تھے۔ سیٹھ ویاس اس لیے کہ اس نے اپنا الو سیدھا کر لیا تھا اور نظامی اس لیے کہ اس نے ایک فلمی سیٹھ کی خوشنودی حاصل کر لی تھی اور اس کو زیرِ احسان کر لیا تھا۔ سیٹھ ویاس کٹر قسم کا وشنو تھا۔ ورنہ نظامی اسے اسی رات گھر بلا کر ممتاز شانتی کے ہاتھ کے پکے ہوئے مرغ اور پلاؤ سے اپنی اور اس کی دوستی ضرور مستحکم کرتا اور اگر سیٹھ بوتل کا رسیا ہوتا تو وہ اپنے مریل منیجر کے ذریعے سے دو عدد سکاچ بلیک مارکیٹ سے ضرور منگواتا۔

بہر حال بات پکی ہو گئی۔ کیونکہ نظامی سینے پر ہاتھ رکھ کر سیٹھ دیاس سے کہہ چکا تھا کہ "سیٹھ! اب جبکہ تم نے مجھے بھائی کہہ دیا ہے، میں تم کو بچن دیتا ہوں کہ مینہ یا آندھی یا۔۔۔ طوفان بھی ہو۔۔۔ تمہاری شوٹنگ ہو گی تو بے بی نور جہاں وقت پر پہنچے گی۔"

اب ایک لطیفہ سنیے۔ بات تو خیر پکی ہو گئی تھی۔ میرا بھی سیٹھ ویاس سے ایک کہانی کے لیے کنٹریکٹ ہو گیا تھا۔ چنانچہ میں اور شوکت اس کا موضوع تلاش کرنے میں مصروف تھے۔ "پیشگیاں" مل چکی تھیں۔ اس لیے ناسک کی ہرن مارکہ وسکی کی فراوانی تھی۔ دور پر دور چلتے تھے۔ مرزا مشرف، چاولہ اور سہگل (یہ دونوں حضرات اب بڑے ڈائریکٹر بن چکے ہیں) ہماری اردلی میں ہوتے تھے، ذرا وسکی ختم ہوئی اور چاولہ بھاگے ناگپاڑے۔ کسی اور چیز کی ضرورت ہوتی تو مرزا مشرف حاضر تھے۔

لطیفے میں سے لطیفہ نکلتا ہے۔ مرزا مشرف ہمارے ساتھ پیتے تھے۔ عجیب بات ہے کہ تیسرے پیگ کے بعد رونا شروع کر دیتے۔ زار و قطار روتے تھے۔ شوکت کے ہاتھ پاؤں چومتے اور شکوک جو شوکت کے دل میں ان کے بارے میں کبھی گزرے بھی نہیں تھے، ان کا ذکر کرتے اور کہتے تھے کہ وہ سب غلط ہیں۔ اس کے بعد وہ رو رو کر اپنی نئی بیاہتا بیوی کو یاد کرنے لگتے تھے اور پھر گانا سنانا شروع کر دیتے تھے۔ یہ سب فراڈ یعنی جعل تھا۔ مگر فلمی دنیا میں اس کے سوا اور ہوتا بھی کیا ہے؟

اب میں اصل لطیفے کی طرف آتا ہوں کہ وہ اس مضمون کا سب سے دلچسپ حصہ ہے۔

سیٹھ ویاس اپنی فلم کی شوٹنگ کر چکا تھا۔ جو سین فلمائے گئے تھے ان میں نور جہاں نہیں تھی۔ دوسرے الفاظ میں شوکت اور نور جہاں کی ابھی تک صحیح معنوں میں ملاقات نہیں ہوئی تھی۔ ایک رات نوٹس بورڈ پر یہ اعلان چسپاں ہو گیا کہ نور جہاں سیٹ پر آ رہی ہے۔ اس کو باضابطہ طور پر کمپنی کی طرف سے مطلع کر دیا گیا تھا۔ اسی رات کو میں گھومتا گھومتا شیواجی پارک میں رفیق غزنوی کے پاس چلا گیا۔ اس مشہور نغمہ ساز اور موسیقار کے پاس جس کی مختلف ٹائیوں کی گرہوں میں مختلف قسم کے رومان بندھے ہیں۔

رفیق غزنوی میرا دوست ہے۔ میرے اس کے بڑے ہی بے تکلف مراسم ہیں۔ میں اس کے فلیٹ پر پہنچا تو محفل جمی ہوئی تھی۔ میں بے دھڑک اندر داخل ہو گیا۔ کیا دیکھتا ہوں کہ ایک صوفے پر تازہ ترین بیوی خورشید عرف، "انورادھا" بیٹھی ہے۔ اس کے ساتھ نور جہاں ہے۔ ایک کرسی پر شری نظامی جی براجمان ہیں اور فرش پر ہمارے رفیق غزنوی صاحب یوں بیٹھے ہیں جیسے کسی سومنات پر حملے کی تیاری کر رہے ہوں۔

رفیق غزنوی کے متعلق میں چند سطروں یا چند صفحات میں کچھ نہیں لکھ سکتا۔ اس کا

تشخص و کردار اتنا وسیع ہے کہ اس پر اگر کوئی ضخیم کتاب نہیں تو ایک طویل مضمون ضرور ہونا چاہئے۔ میں اپنے قارئین سے وعدہ کرتا ہوں کہ یہ قرض بھی میں ایک نہ ایک دن ضرور چکا دوں گا۔ رفیق میرا دوست ہے۔ میں اگر کل کلاں موت کی آغوش میں چلا گیا اور وہ بھی کچھ دیر بعد میری طرح سو گیا تو حق رفاقت کون ادا کرے گا؟ کون اتنے بڑے موسیقار، اتنے بڑے دلچسپ کردار کی داستانِ حیات بیان کرے گا۔ انشاء اللہ میں یہ کروں گا مگر وقت آنے پر۔

خیر، یہ جملہ معترضہ تھا۔۔۔ رفیق۔۔۔ سومنات پر اتنے تازہ ترین حملے کی تیاری کر رہا تھا۔ میں نہیں کہہ سکتا کہ نظامی اس سے غافل تھا یا نہیں یا نور جہاں کو اس کے ارادوں کا علم تھا۔ یہ تو اللہ ہی بہتر جانتا ہے۔

مجھے نظامی سے اتنا معلوم ہوا کہ ممتاز (شانتی) ابھی آنے ہی والی ہے۔ میں حیران تھا کہ ادھر شوٹنگ ہونے والی ہے ادھر اسکاچ کے دور چل رہے ہیں، نظامی کے ہاتھ میں گلاس تھا۔ نور جہاں بھی ہولے ہولے خوش رنگ مشروب اپنے ہونٹوں سے چوس رہی تھی۔ خورشید عرف انورادھا تو خیر پختہ کار شرابیوں کی طرح گھونٹ بھرتی تھی اور رفیق۔۔۔ غزنہ کا رفیق۔ اس غزنہ کا جس نے محمود پیدا کیا تھا اور جو ایک ایاز کی محبت میں گرفتار تھا۔ گلاس زمین پر رکھے میراثیوں کے لطیفے سنا رہا تھا۔

میں جب اندر داخل ہوا تو اس نے حسب عادت استقبال کے طور پر ایک بھاری بھر کم گالی اپنے منہ سے اگلی۔ لیکن پھر فوراً ہی شریفانہ لب و لہجہ اختیار کر کے مجھ سے کہا، "جانتے ہو ان کو؟" میں نے جواب دیا، "جانتا ہوں۔"

رفیق چار پیگ پینے کے بعد عام طور پر شرابی ہو جاتا ہے۔ لکنت بھرے لہجے میں اس نے مجھ سے کہا، "نہیں! تم کچھ نہیں جانتے منٹو۔۔۔ یہ نور ہے۔۔۔ نور جہاں ہے۔

سرورِ جاں ہے۔ خدا کی قسم! ایسی آواز پائی ہے کہ بہشت میں خوش الحان حور بھی سنے تو اسے سیندور کھلانے کے لئے زمین پر اتر آئے۔"

میں جانتا تھا کہ وہ تعریف کے یہ پل کیوں باندھ رہا تھا۔ دراصل ان پلوں کے ذریعے ہی وہ نور جہاں کے جسم تک پہنچنا چاہتا تھا۔ مگر میں نے دیکھا کہ نور جہاں کو اس سے کوئی دلچسپی نہ تھی۔ وہ رفیق کی یہ باتیں سنتی تھی اور اسے خوش کرنے کے لیے ایک مصنوعی مسکراہٹ اپنے ہونٹوں پر پیدا کر لیتی تھی۔

رفیق اول درجے کا کنجوس ہے۔ مگر اس دن اس نے غیر معمولی فیاضی کا مظاہرہ کیا۔ بوتل میں سے میرے لیے ایک بہت بڑا پیگ عنایت کیا اور اصرار کیا کہ میں اسے ایک ہی جرعے میں ختم کر دوں تاکہ ایک دوسرا بھی رہے۔ سب پی رہے تھے۔ نور جہاں کا پیگ بہت ہلکا تھا جسے وہ آہستہ آہستہ ہونٹوں کے ذریعے چوس رہی تھی۔ جیسے مکھیاں پھولوں سے آہستہ اور ہولے ہولے رس چوستی ہیں۔ رفیق، نور جہاں کی تعریف و توصیف کے مزید پل باندھ رہا تھا کیونکہ پہلے پل سب ٹوٹ گئے تھے کہ ٹیلی فون کی گھنٹی بجی۔

خورشید عرف انورادھا نے اپنے دبلے پتلے مگر خوبصورت ہاتھ سے ٹیلی فون کا چونگا اٹھایا اور کان کے ذریعے سے دوسری طرف کی آواز سنی اور سٹپٹا سی گئی۔ فوراً چونگے کا منہ بند کر کے نور جہاں سے مخاطب ہوئی، "سیٹھ ویاس ہیں۔" نظامی نے کسی قسم کی پریشانی کا اظہار نہ کیا اور کہا، "بیٹا! کہہ دو کہ نور جہاں ان کے یہاں نہیں ہے۔" خورشید عرف انورادھا نے سیٹھ دیاس سے مناسب و موزوں الفاظ میں کہہ دیا کہ وہ یہاں نہیں ہے۔" جب ٹیلی فون کا سلسلہ ختم ہوا تو رفیق نے خورشید سے کہا۔ "شیداں۔۔۔! جاؤ، اندر سے ہارمونیم لاؤ۔۔۔ سیٹھ دیاس جائے جہنم میں۔"

شیداں اندر گئی اور ہارمونیم کی پیٹی لے آئی۔ رفیق نے اس کو کھولا۔ اس کا ڈھکنا

اٹھایا اور ہوا بھر کے اپنے مخصوص انداز میں ایک سر چھیڑا اور خود ہی جھومنے لگا، "ہائے۔۔۔ سبحان اللہ!۔۔۔ واہ!" دیر تک وہ باجے کے مختلف سروں کو چھیڑ کر "ہائے، سبحان اللہ، اور واہ واہ" کرتا رہا۔۔۔ میرا خیال ہے رفیق پر علامہ اقبال کا یہ مصرعہ صادق آتا ہے۔

دیتے ہیں سرور اول، لاتے ہیں شراب آخر

گانے سے پہلے ہی رفیق سامعین پر وجد طاری کر دینے کا عادی ہے۔ مگر اس دن وہ نہ گایا، اس لیے کہ اس کی ساری توجہ نور جہاں پر تھی۔ ایک سُر چھیڑ کر اس نے مخمور آنکھوں سے نور جہاں کی طرف دیکھا اور درخواست کی، "نور۔۔۔ بس ہو جائے کوئی چیز۔۔۔ ہائے کتنا پیارا اور مدھر سر ہے۔۔۔ چلو گاؤ۔۔۔" آپ پردے پر ایکٹر، ایکٹرسوں کے ڈرامے دیکھتے ہیں اور ان کی کردار نگاری سے متاثر ہوتے ہیں۔ میں آپ کو اس ڈرامے کی ایک جھلک دکھاتا ہوں جو اس روز وہاں کھیلا گیا۔۔۔ جیتے جاگتے سو فیصدی حقیقی ڈرامے کی جھلک۔

نور جہاں نے ہارمونیم صوفے پر رکھ لیا۔ اس کے پاس خورشید عرف انور ادھا وسکی کا گلاس ہاتھ میں لیے بیٹھی ہے۔ رفیق غزنوی قالین پر آلتی پالتی مارے نور جہاں کی طرف اپنی عشق پیشہ آنکھوں سے دیکھ رہا ہے اور گانا سننے سے پہلے ہی جھوم رہا ہے۔ دائیں ہاتھ کرسی پر شری نظامی جی براجمان ہیں۔ اور ان کے ساتھ ہی خاکسار ہے جو اپنا دوسرا پیگ پی رہا ہے۔

نور جہان گانا شروع کرتی ہے۔ غالباً پیلو کی ٹھمری ہے۔

تورے نین کا جوبن کارے

کہ ایک موٹر ہولے سے پورچ میں رکتی ہے۔ ایک صاحب اس کے اندر سے نکلتے

ہیں اور سیدھے اندر چلے آتے ہیں۔۔۔ یہ سیٹھ ویاس ہیں۔

ایک لحظہ کے لئے سب بوکھلا جاتے ہیں مگر نظامی فوراً ہی حالات پر قابو پالیتا ہے۔ سیٹھ ویاس کی آمد سے گویا بے خبر وہ چلا کر خورشید سے کہتا ہے۔ "بیٹا! یہ کیا ظلم کر رہی ہو تم۔ اسے اتنی تکلیف ہے اور تم اسے گانے پر مجبور کر رہی ہو۔ دیکھو! ایک بول گانے کے بعد اس کا کیا حال ہو گیا ہے۔ پھر وہ نور جہاں سے تشویش بھری آواز میں کہتا ہے، "لیٹ جاؤ نور جہاں۔۔۔ لیٹ جاؤ۔" اور وہ آگے بڑھ کر اسے لٹا دیتا ہے۔ نور جہاں زور زور سے کراہنا شروع کر دیتی ہے۔ رفیق بھی اٹھ کر انتہائی تشویش کا اظہار کرتا ہے۔ نظامی خورشید سے مخاطب ہوتا ہے، کسی قدر تیز لہجے میں۔ "شیداں! اٹھ بیٹھی کیا سوچ رہی ہے۔ جا جلدی سے گرم پانی کی بوتل لا۔ بڑے زور کا دورہ پڑا ہے۔" شیداں اٹھ کر تیز قدمی سے اندر چلی جاتی ہے۔ نظامی کراہتی ہوئی نور جہاں کو پچکارتا ہے، پھر سیٹھ ویاس سے مخاطب ہوتا ہے، "بھائی جان۔۔۔! وہ۔ وہ تکلیف ہے۔ وہی جو عورتوں کو ہوا کرتی ہے۔"

سیٹھ ویاس خاموش رہتا ہے۔ میں بھی دم بخود ہوں۔ نظامی ایک بار پھر کراہتی ہوئی، دوہری ہوتی ہوئی نور جہاں کو پچکارتا ہے اور سیٹھ ویاس کے پاس بیٹھ جاتا ہے اور کہتا ہے کہ "کل سے غریب درد کے مارے پیچ و تاب کھا رہی ہے۔ مجھ سے کہتی تھی۔ چچا جان! مجھ سے شوٹنگ نہ ہو سکے گی۔ پر میں نے کہا۔ نہیں بیٹا! یہ برا شگون ہے۔ یہاں بمبئی میں یہ تمہاری پہلی پکچر ہے اور پھر شوٹنگ کا پہلا دن۔۔۔ یہ بھی چھوڑو۔ سیٹھ ویاس مجھے اپنا بھائی کہہ چکا ہے۔ تم مر جاؤ مگر ضرور جاؤ۔۔۔ چنانچہ ہم اسی لیے یہاں آئے تھے کہ رفیق سے تھوڑی سی برانڈی لیں اور اس کی کار لے کر اسٹوڈیو پہنچ جائیں۔ آپ کچھ فکر نہ کریں۔ آپ کا نقصان میر انقصان ہے۔ نور جہاں ابھی پہنچتی ہے۔ آپ میرے بھائی ہیں۔

سیٹھ ویاس خاموش رہا۔۔۔ نظامی کے سوا اور سب خاموش تھے۔ رفیق غزنوی دانتوں سے اپنے ناخن کاٹ رہا تھا۔ میں گلاس ہاتھ میں لیے سوچ رہا تھا کہ یہ سب کیا ہے؟

کہانی میری تھی۔ میوزک رفیق غزنوی دے رہا تھا۔۔۔ اور سیٹھ ویاس، ہمارا آقا، عین موقعہ پر پہنچ گیا تھا جبکہ ہم رنگ رلیاں منا رہے تھے۔ رنگ رلیاں ہی تو تھیں اور کیا تھا۔ وسکی کا دور چل رہا تھا اور نور جہاں گا رہی تھی۔۔۔

تورے نین کا جوبن کارے

اچھا خاصا مجرا ہو رہا تھا۔

نظامی نے اپنے مخصوص انداز میں سیٹھ ویاس سے کچھ اور باتیں کیں اور اسے یقین دلایا کہ جب دونوں ہی ایک دوسرے کو بھائی کہہ چکے ہیں تو دلوں میں کسی قسم کے شک و شبہ کی گنجائش نہیں ہونی چاہیے۔

اتنے میں خورشید گرم پانی کی بوتل لے کر آگئی جو نور جہاں کے پیٹ پر رکھ دی گئی۔ اس سے اس کو کچھ سکون ہوا۔ اس پر نظامی نے سیٹھ ویاس سے جو ابوالہول بنا بیٹھا تھا، کہا، "آپ تشریف لے چلیے، میں اور رفیق نور جہاں کو ساتھ لے کر ابھی آتے ہیں۔۔۔" پھر اس نے اپنے آپ سے کہا، "میرا خیال ہے، خورشید بھی ساتھ چلے۔ عورتیں، عورتوں کے سب معاملات جانتی ہیں۔"

سیٹھ ویاس اٹھا اور اپنی ٹوپی ٹھیک کرتا ہوا چلا گیا۔۔۔ سب کی جان میں جان آئی۔ نور جہاں نے اپنے پیٹ سے گرم پانی کی بوتل الگ کی، جو ٹھنڈے پانی سے بھری ہوئی تھی اور نظامی سے کہا، "نظامی چچا۔۔۔! آپ نے تو کہا تھا۔ مت جانا۔"

نظامی سنجیدہ ہو گیا، "بیٹا! وہ میں نے تمہارے بھلے کے لئے ہی کہا تھا۔ پہلے ہی دن آدمی شوٹنگ پر چلا جائے اور پروڈیوسر کو پھیرے نہ کرائے تو وہ سر پر سوار ہو جاتا ہے۔

اپنی ممتاز سے پوچھو، جب تک اسٹوڈیو سے گاڑی نہ آئے، مجال ہے جو وہ شوٹنگ میں جائے اور پھر جب گاڑی بھی آتی ہے تو میں اسے کم از کم ایک گھنٹہ نیچے کھڑی رکھتا ہوں۔ رائے بہادر چونی لال میرے اتنے دوست ہیں مگر میں ان کی بھی پروا نہیں کرتا۔۔۔ بعض دفعہ تو ایسا بھی ہوا کہ وہ خود اپنی گاڑی میں ممتاز کو لینے آئے۔ بہر حال اب سب ٹھیک ہے۔ خود آیا ہے یہاں چل کر، اور پھر تم بیمار ہو اور بیماری کی حالت میں جا رہی ہو۔ سیٹھ ویاس کو اس کا خیال رہے گا۔"

نظامی نے کچھ دیر اور پروڈیوسر اور آرٹسٹ کے باہمی رشتے کی باریکیاں بیان کیں اور وہ تمام گر بتائے جو آرٹسٹ کو استعمال کرنے چاہئیں۔ اس کے بعد گفتگو آہستہ آہستہ شوکت حسین رضوی میں تحلیل ہو گئی۔ نظامی اپنی باتوں سے زبردستی نور جہاں کے دل و دماغ میں یہ خیال ٹھونسنا چاہتا تھا کہ اب اس کو اس شخص سے کوئی سروکار نہیں۔ اس کے دل میں اب اس کے لئے کوئی جگہ نہیں اور یہ کہ اسے وہی راستہ اختیار کرنا چاہئے جس پر ممتاز شانتی اس کی ہدایات کے مطابق اتنے عرصے سے چل رہی ہے اور اتنا نام اور روپیہ پیدا کر چکی ہے۔

اس گفتگو میں مجھے بھی حصہ لینا پڑا کہ شوکت سے میری اچھی خاصی دوستی ہو گئی تھی اور وہ اس بات کا اقرار بھی کر چکا تھا کہ اسے نور جہاں سے محبت ہے۔ اور مرزا مشرف سے جو اس کا سلسلہ جاری تھا، اس سے تو قطعی طور پر یہ ثابت ہوتا تھا کہ وہ دوسری عورتوں کی آغوش میں نور جہاں کی یاد کو دفن کرنا چاہتا ہے، اور ہرن مارکہ جیسی تھرڈ کلاس وسکی سے اپنا غم غلط کرنے کی کوشش کر رہا ہے۔

اصلاً شوکت گھڑی ساز تھا اور اپنے فن میں مہارت تامہ رکھتا تھا۔ اس لیے وہ ہر شے کی نوک پلک درست کرتا رہتا تھا۔ اس کی طبیعت کسی اکھڑے ہوئے پرزے، کسی ٹیڑھی

کیل، کسی غلط وقت دینے والی گھڑی، کپڑے میں کسی شکن اور سلوٹ کو برداشت نہیں کر سکتی۔ اس کی جبلت میں ایک نظم ہے، وہی نظم جو ایک اچھی گھڑی میں ہوتا ہے۔ مگر یہاں نور جہاں کے معاملے میں وہ خود کو بے بس سمجھتا ہے۔ وہ اس گھڑی کے کل پرزے کیسے درست کر سکتا تھا جس کو دل کہتے تھے۔ اگر یہ کوئی ایسی چیز ہوتی جسے وہ اپنے سامنے رکھ کر محدب شیشے میں دیکھ سکتا، اس کی بال کمانی اور اس کی گراریوں کا مطالعہ کر سکتا تو یقیناً وہ پیچ کش لے کر اسے سب کا سب کھول دیتا جو گڑ بڑ پیدا ہونے کا موجب ہو رہی تھیں مگر یہ دل کا معاملہ تھا۔

ادھر نور جہاں بھی جو اپنے گلے سے باریک سے باریک سر نکال سکتی تھی، حیران تھی کہ اپنے دل سے شوکت کی یاد کیسے نکالے۔ وہ خیال بڑے بڑے استادوں کی طرح گا سکتی تھی مگر ایک خیال اس کے دل و دماغ پر ہر وقت چھایا رہتا تھا اور یہ خیال اس کے محبوب کا تھا، بانکے چھبیلے شوکت کا۔ جس نے اس کی زندگی کو بہترین لذت بخشی تھی۔ جس نے اس کے بدن میں وہ حرارت پیدا کی تھی جو موسیقی جیسی لطیف چیز بھی پیدا نہیں کر سکتی۔ وہ اسے کیسے بھول سکتی تھی، وہ جو اس کے جسم میں ایک عرصہ تک ڈبکیاں لگاتا رہا تھا۔

شوکت کے متعلق گفتگو شروع ہوئی اور نور جہاں نے اوپرے دل سے اس کے متعلق اپنی نفرت کا اظہار کیا تو مجھ سے نہ رہا گیا میں نے اس سے کہا، "نور جہاں! یہ سب بکواس ہے۔ جو کچھ تم نے کہا ہے، خدا کی قسم! وہ تمہارے دل سے نہیں نکلا اور جو کچھ میں اس خر ذات شوکت سے سنتا ہوں۔ خدا کی قسم! وہ بھی قطعاً جھوٹ ہوتا ہے۔ تم دونوں ایک دوسرے پر مرتے ہو۔ مگر دونوں ہی خود فریب ہو۔۔۔ ابھی کل مصور کے دفتر میں تمہاری باتیں ہو رہی تھیں اور۔۔۔ کل شام کیا، ہر شام جب میں اور شوکت پینا شروع

کرتے ہیں تو وہ کسی نہ کسی حیلے تمہاری بات چھیڑ دیتا ہے۔ پھر خود ہی کہتا ہے کہ اس کی بات نہ کرو۔ یہی حال تمہارا ہے۔ میں نے تمہاری یاد میں اس کی آنکھوں میں آنسو بھی دیکھے ہیں اور میں تمہیں یہ بھی بتا دوں کہ وہ اگر تم سے دور رہا، تو وہ اپنی جوانی اور اپنی صحت تباہ کرلے گا۔ وہ تمہارے بغیر زندہ نہیں رہ سکتا۔ معلوم نہیں، تم نے اس پر کیا جادو پھونک رکھا ہے۔"

نور جہاں پر سکتہ طاری ہو گیا۔

میں نے پھر کہنا شروع کیا، "نور جہاں! خود فریبی سے کام نہ لو۔ میں مانتا ہوں کہ نظامی صاحب بڑے جہاں دیدہ آدمی ہیں۔ لیکن عشق و محبت میں وہ گر کبھی نہیں چلتے، جو زندگی کے دوسرے بازاروں میں چلتے ہیں۔ یہ کھوٹے سکے ہیں۔۔۔ 'میں ایک دم نظامی سے مخاطب ہوا، "کیوں نظامی صاحب! کیا یہ جھوٹ ہے۔"

نظامی صاحب کچھ ایسے میری تقریر میں گم تھے کہ انہوں نے جب نفی میں اپنا سر ہلایا تو انہیں مطلق اس کا احساس نہیں تھا۔ پھر جب ایک دھچکے کے ساتھ انہیں اپنی غلطی کا احساس ہوا تو میں بہت آگے نکل چکا تھا۔ میں نور جہاں سے جس کی آنکھوں میں آنسو تیر رہے تھے، کہہ رہا تھا، "تم دونوں بے وقوف ہو۔ ایک دوسرے سے محبت کرتے ہو مگر اسے چھپائے پھرتے ہو۔ کس سے؟۔۔۔ کن سے!۔۔۔ یہ دنیا تو۔۔۔ معاف کرنا نور جہاں، کسی کو بھی محبت کرتے نہیں دیکھ سکتی۔۔۔ لیکن اس کا مطلب یہ تو نہیں کہ لوگ محبت کرنا ہی چھوڑ دیں۔۔۔ ممتاز شانتی کی زندگی واقعی قابلِ رشک ہے۔ نظامی صاحب جیسے شفیق اور ہوشیار چچا کی سرپرستی میں وہ یقیناً خدا کے فضل و کرم سے اور بھی ترقی کرے گی۔ لیکن۔۔۔ (یہاں میں پھر نظامی سے مخاطب ہوا)۔۔۔ لیکن نظامی صاحب! آپ سے یہ مخفی نہیں ہو گا کہ ہر آدمی کے لئے ایک ہی چچا کام نہیں دے سکتا۔ آپ نے

جو ہدایات ممتاز کے لئے سوچی تھیں، ظاہر ہے کہ وہ نور جہاں کے لیے کارآمد نہیں ہو سکتیں، دونوں کے مزاج میں زمین و آسمان کا فرق ہے۔۔۔ کیا میں جھوٹ کہتا ہوں؟"

میں اب نظامی کو اس مقام پر لے آیا تھا جہاں وہ میری کوئی بات جھٹلا نہیں سکتا تھا۔ میں نے موقعہ غنیمت جانا اور بولتا چلا گیا۔ میں نے نور جہاں کے دل و دماغ پر جو کہ اس کے لیے غالباً پہلے ہی سے تیار تھا، یہ حقیقت اچھی طرح مرتسم کر دی کہ وہ اور شوکت ایک دوسرے کے لئے بنے ہیں اور جو خود فریبی سے کام لے رہے ہیں، بڑی مہلک چیز ہے۔

نظامی جب اٹھا تو وہ کوئی خوش آدمی نہیں تھا (اس جملے میں انگریزی پن ہے مگر یہ مجھے پسند ہے) مگر اپنی فطرت سے مجبور وہ مجھ سے روکھے پن کا اظہار نہ کر سکتا تھا۔ چنانچہ اس نے نور جہاں سے یہ کہہ کر کہ وہ ٹھنڈی بوتل کی بجائے گرم بوتل لے کر خورشید کے ساتھ اسٹوڈیو چلی جائے اور وہاں وقتاً فوقتاً درد کا بہانہ کرتی رہے۔۔۔ تو اس نے بڑی خندہ پیشانی سے مجھ سے گفتگو کی اور مجھے یقین دلایا کہ میرے فلیٹ اور فرنیچر وغیرہ کا مکمل بندوبست کر رکھا ہے۔ اس کو حیرت تھی کہ میں اتنے دنوں کہاں غائب رہا۔ فلیٹ کی چابی اس کے منیجر کے پاس تھی اور وہ میرا منتظر تھا۔ بلیک مارکیٹ سے پٹرول حاصل کرنے کے لیے بھی انہوں نے ویسا ہی مکمل انتظام کر چھوڑا تھا۔ اس کے علاوہ ان کی دلی خواہش تھی کہ میں ان کی دعوت قبول کروں جس میں وہ میری تواضع علاوہ مرغوں کے "جونی واکر کی بلیک لیبل" سے کریں گے۔

میں نے مناسب و موزوں الفاظ میں اس کا شکریہ ادا کیا، لیکن وہ مصر تھا کہ میں ضرور اس کی دعوت قبول کروں۔ چنانچہ میں نے قبول کر لی، مگر مجھے یقین تھا کہ اگر میں اس کے ہاں چلا بھی گیا تو مرغ اور جونی واکر بلیک لیبل کا ذکر تک بھی نہیں ہو گا۔

خیر۔۔۔! نظامی صاحب کو چھوڑیے کہ وہ نظامی صاحب ہیں۔۔۔ معلوم نہیں کس رعایت سے۔ ممکن ہے حسن نظامی دہلوی کے مرید ہوں یا خود ساختہ نظامی ہوں۔ مجھے صرف یہ بتانا ہے کہ میری اس شام کی تقریر نما گفتگو نے نظامی کے تمام پلان درہم برہم کر دیے۔

مجھے معلوم ہوا کہ نور جہاں اب کمال امروہی سے کوئی دلچسپی نہیں لیتی۔ اس کے ٹیلی فون آتے ہیں مگر وہ کوئی جواب نہیں دیتی۔ وہ اپنی سیکنڈ ہینڈ کار لے کر آتا ہے مگر وہ کسی کمرے میں چھپ جاتی ہے اور نظامی کی ہدایات کے مطابق عمل نہیں کرتی۔

ان تمام باتوں کی رپورٹ میرے ذریعے سے شوکت تک پہنچ جاتی تھی۔ ہمیں اس بات کا کامل احساس تھا کہ وہ مرد تسمہ پا نظامی کے شکنجے میں ہے اور اس کا وہاں سے نکلنا مشکل ہے۔ چنانچہ ہم نے ایک کانفرنس کی۔ جس میں نذیر لدھیانوی ایڈیٹر مصوّر ویکلی، میں اور شوکت شامل تھے۔ طے ہوا کہ وہیں یعنی کیڈل روڈ پر کوئی مکان حاصل کیا جائے۔

نذیر لدھیانوی کی کوششوں سے کیڈل روڈ پر ساحلِ سمندر کے بالکل قریب گراؤنڈ فلور پر ایک نہایت عمدہ فلیٹ مل گیا، جس میں تین غسل خانے تھے۔ کئی کمرے تھے اور ایک وسیع و عریض ڈرائنگ روم تھا۔ نذیر نے جو کہ ۱۷ اڈلفی چیمبرز جیسے واہیات فلیٹ میں رہتے رہتے اکتا گیا تھا، شوکت سے کہا کہ وہ شرکت کرنے کے لئے تیار ہے۔

دونوں اکٹھے رہیں گے۔ چنانچہ فوراً فلیٹ حاصل کر لیا گیا۔ کرایہ غالباً ایک سو پچھتر روپے یا دو سو روپے ماہوار تھا۔ فرنیچر اور دوسرے ساز و سامان سے چند دنوں کے اندر اندر یہ جہازی فلیٹ سجا دیا گیا۔ شوکت کا بیڈ روم سمندر کی طرف تھا۔ ادھر سے اگر پانچ سو قدم کا فاصلہ طے کیا جاتا تو نظامی کا فلیٹ آتا تھا۔ مطلب یہ کہ اب نور جہاں اور شوکت میں

صرف اتنے ہی قدموں کا فاصلہ باقی رہ گیا تھا۔

میرے ذمے جو کام تفویض کیا گیا تھا، وہ میں خوش اسلوبی سے نبھا رہا تھا۔ کبھی کبھی نظامی کے ہاں جانکلتا تھا اور اگر نور جہاں موجود ہوتی تو اس کو بتا دیتا تھا کہ شوکت نے کتنی آہیں اس کے لئے بھری ہیں اور رات کو پینے کے بعد وہ کتنی مرتبہ اس کے فراق میں رویا ہے۔ نور جہاں کو میرے ذریعے یہ بھی معلوم ہو چکا تھا کہ شوکت اس کے پڑوس میں مقیم ہے اور یہ کہ صرف پانچ سو قدم ساحل کے ساتھ چل کر وہ اس کے پاس پہنچ سکتی ہے یا وہ اس کے پاس۔۔۔ سیر کی سیر اور دیدارِ یار بھی۔

میں نے کئی دفعہ محسوس کیا کہ یہ کام جو میں کر رہا ہوں کسی بوڑھی کٹنی کا ہے۔ مگر دوست کے لئے آدمی کیا کچھ نہیں کرتا۔۔۔؟ یہاں میں آپ پر یہ واضح کر دوں کہ میں دونوں کی شادی کے سخت خلاف تھا۔ ایکٹرس سے شادی کا سلسلہ ہی میرے نزدیک غلط بات ہے۔ دونوں ایک دوسرے کے ساتھ رہیں۔ بس ٹھیک ہے۔ جب اکتا جائیں تو اپنا راستہ لیں۔۔۔ مگر شوکت پٹہ لکھوانے کا قائل تھا کہ زمین ساری عمر اسی کی ملکیت رہے۔ میں نے اسے بہت سمجھایا۔ وہ مان گیا کہ اگر نور جہاں سے اس کا ملاپ ہو گیا تو وہ شادی نہیں کرے گا۔

مجھے جو کرنا تھا، کر چکا تھا۔ میں اب اپنی کہانی جس کا عنوان "نوکر" تجویز ہوا تھا، کا منظر نامہ لکھنے میں بے طرح مصروف تھا۔ اس کے علاوہ کیڈل روڈ اور بائی کلہ میں کئی میل حائل تھے، اس لئے شوکت کے ہاں میرا آنا جانا کم ہو گیا۔

ان دنوں اچھی بیئر نایاب تھی۔ اتفاق سے امریکی بیئر کی چار فربہ اندام بوتلیں مجھے مل گئیں۔ میں یہ ساتھ لے کر کیڈل روڈ پہنچا۔ صبح کا وقت تھا۔ میں چاہتا تھا کہ یہ مشروب ناشتے ہی سے شروع کیا جائے۔ جب وہاں پہنچا تو دیکھا کہ فلیٹ سنسان ہے۔ نذیر

لدھیانوی نہا دھو کر اور ناشتہ کر کے دفتر روانہ ہو چکا ہے اور شوکت سو رہا ہے۔ میں اس کی خواب گاہ کے پاس پہنچا اور دستک دی۔ کوئی جواب نہ ملا۔ پھر ذرا زور سے دروازہ کھٹکھٹایا۔ اندر سے شوکت کی خواب آلود آواز آئی، "کون ہے؟"

میں نے جواب دیا، "منٹو!"

شوکت نے کہا، "ٹھہرو!"

میں ٹھہرا رہا۔ تین منٹ کے بعد دروازہ کھلا۔ کمرے کے اکلوتے پلنگ پر نور جہاں لیٹی ہوئی تھی۔ میں نے اس کو دیکھتے ہی نعرہ لگایا، "انقلاب زندہ باد۔"

نور جہاں کی آنکھیں ایسے معلوم ہوتا تھا کہ ابھی ابھی وہ لانڈری سے دھل کے آئی ہیں۔ میں نے شوکت کو دیکھا کہ وہ کسی قدر مضمحل تھا۔ میں نے اس سے پوچھا، "تو چتوڑ گڑھ فتح ہو گیا۔" شوکت مسکرا دیا۔ اس کی یہ مسکراہٹ اطمینان بھری تھی۔ کہنے لگا، "آؤ بیٹھو!" میں ان کے پلنگ کے پاس ڈریسنگ ٹیبل کے اسٹول پر بیٹھ گیا اور شوکت سے مخاطب ہوا، "کیوں بھائی! یہ محترمہ کیسے تشریف لائیں؟"

شوکت نے فاتحانہ نظروں سے نور جہاں کو دیکھا جو پلنگ پر چادر سے خود کو اچھی طرح ڈھانپ رہی تھی، "بس کچے دھاگے سے بندھی آئی ہیں۔"

معلوم نہیں وہ کچے دھاگے سے بندھی آئی تھی یا پکے دھاگے سے بندھی آئی تھی، پر میں اتنا ضرور کہہ سکتا ہوں کہ وہ دھاگہ جیسا بھی تھا اس کی تخلیق ہاتھوں سے نہیں، دلوں سے ہوئی تھی۔ بڑے عمدہ طریقے سے بٹا ہوا تھا۔ ورنہ وہ پانچ سو قدموں کا فاصلہ اتنی جلدی اور اتنی خوبی سے پاٹا نہیں جا سکتا تھا۔

قصہ مختصر یہ ہے کہ شوکت کے بیڈ روم میں جس فرنیچر کی کمی تھی، وہ پوری ہو گئی تھی۔۔۔ اور اب وہ مکمل طور پر سج گیا تھا۔ لیکن ادھر نظامی کے فلیٹ میں ایک بتی بجھ گئی

تھی۔ وہ بتی جو ایک پورے بجلی گھر میں تبدیل ہو سکتی تھی۔ نظامی نے اسے بہت سمجھایا بجھایا، بھائیوں نے اسے بہت دھمکیاں دیں، پر جب عشق کا بھوت سر پر سوار ہو تو کانوں کے سارے دروازے بند ہو جاتے ہیں۔ دھمکیاں اور بھبھکیاں، پند و نصائح قطعاً اثر انداز نہیں ہوتے۔ شوکت نے مجھ سے کہا، "منٹو! میرا خیال ہے، میں سالی سے شادی کر ڈالوں۔"

میں نے پھر اس سے کہا، "یہ تمہاری مرضی ہے کہ تم اس کے مالک ہو، لیکن میری ایماندارانہ رائے یہی ہے کہ تمہارا یہ اقدام درست نہیں ہو گا۔ کیا تم نے اس بارے میں اپنے گھر والوں سے مشورہ کیا ہے؟ اس سوال کا جواب شوکت گول کر گیا۔ بہر حال اب مجھے یقین تھا کہ وہ اب سوچ سمجھ کر قدم اٹھائے گا اور عجلت سے کام نہ لے گا۔

بمبئی میں ایک بزرگ حکیم ابو محمد طاہر اشک عظیم آبادی کے نام سے تھے۔ یہ ایک عجیب شے تھے۔ عمر آپ کی پچھتر برس کے قریب تھی، مگر دل جوان تھا۔ آنکھوں کی بینائی بالکل درست تھی۔ دانت سلامت تھے۔ ہر نئے فلم کا پہلا شو دیکھتے تھے۔ پانچ زبانیں بولتے تھے۔ اردو، فارسی، عربی، انگریزی اور پنجابی۔ بڑے معرکے کے آدمی تھے۔ طبابت سے شغف تھا اور شعر و شاعری سے بھی۔ شوکت سے میں نے ان کی ملاقات کرائی تو وہ ان کے گرویدہ ہو گئے اور ان کو چچا جان کہنے لگے۔ حکیم صاحب نے ان سے دور دراز کا کوئی رشتہ بھی پیدا کر لیا تھا۔ ان کے کہنے کے مطابق وہ شوکت کے خاندان سے بہت پرانے مراسم رکھتے تھے۔

جیسا کہ میں اس سے پہلے عرض کر چکا ہوں، شوکت کے ہاں میرا آنا جانا بہت کم ہو گیا تھا۔ اس لیے کہ بائی کلہ اور کیڈل روڈ میں فاصلہ کافی تھا۔ اس کے علاوہ میں کہانی کی منظر نویسی میں مشغول تھا۔ چند دن گزرے تو حکیم صاحب تشریف لائے۔ مجھے ان سے

بڑی عقیدت تھی کہ میری زبان درست کرنے میں آپ نے غیر شعوری طور پر میری بہت مدد کی تھی۔ ان کو بھی مجھ سے محبت تھی کہ میں ان کی خدمت کے لئے ہر وقت تیار رہتا تھا۔ باتوں باتوں میں آپ نے مجھے بتایا کہ شوکت بیٹے کا نکاح نور جہاں سے ہو گیا ہے۔ میں بہت حیران تھا کہ مجھے اس کی خبر تک نہ ہوئی۔

جب میں نے اپنی حیرت کا اظہار کیا تو حکیم صاحب نے سارا معاملہ گول کرنے کی کوشش کی۔ جب ناکام رہے تو انہوں نے مجھ سے کہا، "دیکھو سعادت! یہ سب کچھ خفیہ طور پر ہوا ہے تا کہ لوگوں میں چرچا نہ ہو۔ میں نے تم سے ذکر کر دیا کہ تم بھی شوکت کی طرح میرے بیٹے ہو، اس لیے یہ راز راز ہی رہے۔"

یہ راز کب تک راز رہ سکتا تھا؟ میں پچھتر برس کے بڈھے سے کیا بحث کرتا! غصہ تو مجھے صرف اس بات کا تھا کہ شوکت نے مجھ سے یہ بات کیوں چھپائے رکھی؟ اگر اسے نکاح کرنا ہی تھا تو میری شمولیت اس میں کیوں ضروری نہ سمجھی؟ اور مجھے کیوں تاش کی گڈی میں سے جوکر سمجھ کر الگ کر دیا گیا۔۔ میرے دل میں تکدر تھا، لیکن شوکت سے میں نے اس کا ذکر نہ کیا کہ اس سے میرے اور اس کے تعلقات یقیناً کشیدہ ہو جاتے۔

دن گزرتے گئے۔

نظامی تھک ہار کر بیٹھ گیا۔ سید کمال حیدر امروہی نے ہزار ہا مرتبہ ٹیلی فون کیا۔ سیکڑوں مرتبہ اپنی سیکنڈ ہینڈ کار میں نظامی کے فلیٹ کے چکر کاٹے۔ آخر وہ بھی ناامید ہو کر دیگر مشاغل میں مصروف ہو گیا۔ شوکت کا بیڈ روم آباد تھا۔ وہاں ہنسی کے چھینٹے اڑتے تھے۔ نور جہاں کے گلے سے نور برستا تھا۔ رفیق غزنوی سے جس قسم کی دھنیں بنوانی ہوتی تھیں، ان کی ریہرسل ہوتی تھی۔ دو جوانیاں کیڈل روڈ کے اس فلیٹ میں کُھل کھیل رہی تھیں۔

میں آپ کو ایک لطیفہ سناؤں۔

میرے بھائی جان، سعید حسن بیرسٹر، جزائر فجی سے ایک مدت کے بعد امر تسر جانے کے لئے تشریف لائے۔ انہوں نے مجھے اطلاع دی کہ وہ بذریعہ ہوائی جہاز آرہے ہیں۔ ان دنوں میں ماہم میں رہتا تھا اور ہمارا فلیٹ بہت ہی چھوٹا تھا۔ میں نے اپنی بیوی سے مشورہ کیا کہ مصور کے ایڈیٹر نذیر لدھیانوی بھی موجود تھے۔ طے یہ پایا کہ ان کو اس فلیٹ میں ٹھہرایا جائے جہاں نذیر اور شوکت دونوں اکٹھے رہتے ہیں۔

یہ فلیٹ جیسا کہ میں عرض کر چکا ہوں، بہت بڑا تھا۔ نذیر چھڑا چھٹانک تھا۔ شوکت تھا، اس کی نور جہاں تھی۔ ان کو تو بس فقط ایک بیڈ روم چاہئے تھا۔ باقی کمروں سے انہیں کوئی دلچسپی نہیں تھی۔ اس لیے بھائی جان کے لئے جو یورپی طرز رہائش کے عادی تھے۔ ایک علیٰحدہ کمرے اور غسل خانے کا انتظام بڑی آسانی سے ہو سکتا تھا۔ چنانچہ جب وہ بمبئی تشریف لائے اور چند روز کے لئے وہاں رکے تو میں انہیں کیڈل روڈ پر لے گیا۔

وہ یہ فلیٹ دیکھ کر بہت خوش ہوئے۔ عمارت قریب قریب نئی تھی، جدید طرز کی، دو منزلہ تھی۔ اوپر کی منزل میں صاحب مکان رہتے تھے۔ پچھلی طرف یعنی جدھر سمندر کا ساحل تھا، کوئی دو سو قدم کے فاصلے پر ایک چھوٹا سا بغیچہ تھا۔ اس میں بچوں کے کھیلنے کیلئے جھولے تھے اور وہ جنہیں انگریزی میں "سی سا" کہتے ہیں اور وہ پھسلنے والے تختے!

سمندر کی مرطوب ہوا ہر وقت آتی رہتی تھی۔ بعض اوقات یہ اس قدر تیز ہو جاتی تھی کہ فلیٹ کے وہ تمام دروازے، وہ تمام کھڑکیاں، جن کا رخ سمندر کی طرف تھا، بند رکھنا پڑتی تھیں کہ چیزیں اپنی جگہ سلامت رہیں۔ اس فلیٹ میں بھائی جان اپنے مختصر سے اسباب کے ساتھ اترے اور بہت خوش ہوئے۔ لیکن چند ہی روز میں ایک ٹریجڈی وقوع پذیر ہو گئی۔

شوکت نور جہان کو دوبارہ پاکر بہت خوش تھا۔ اس خوشی کا نکاس کسی نہ کسی طرح نفسیاتی طور پر ہونا ہی چاہیے تھا۔ پھر مرزا مشرف تھا، شوکت کی دیگ کا بہت بڑا چمچہ، چاولہ تھا، سہگل تھا اور دوسرے تھے جو شوکت کے فلم میں شریک ہونے کے لئے بے قرار تھے۔

فلمی دنیا دراصل رات کی دنیا ہے۔ دن بھر یہ سب اپنے اپنے کاموں میں مشغول رہتے تھے اور سرِ شام شوکت کے ہاں جمع ہو جاتے تھے۔ وسکی کے دور چلتے تھے، سوقیانہ قسم کی ہنسی ٹھٹھے ہوتے تھے۔ گانے گائے جاتے تھے۔ کہانیاں سنائی جاتی تھیں اور بعض اوقات تو اتنا شور برپا ہوتا تھا کہ اوپر کی منزل والوں کو پکار پکار کر کہنا پڑتا تھا کہ بابا خاموش رہو۔

ایک رات شوکت نے غالباً ایم۔ اے مغل کو جو پری چہرہ نسیم بانو کے ڈھنڈورچی کی حیثیت سے مشہور تھے، اپنے ہاں مدعو کیا۔ مرزا مشرف بھی تھے، میں بھی تھا اور میری بیوی بھی تھی۔ دعوتِ طعام سے فارغ ہو کر میں اور میری بیوی تو فوراً چلے گئے کہ ہمیں ایک ضروری کام سے کہیں جانا تھا۔ بھائی جان شوکت علی کے بیٹے زاہد کے ہاں مدعو تھے۔ وہ دیر سے لوٹے۔ مگر جب انہوں نے ہال میں قدم رکھا تو دیکھا کہ رندی و سرمستی اپنے بال کھولے ناچ رہی ہے۔ وہ ہاؤ ہُو ہے کہ کان پڑی آواز سنائی نہیں دیتی۔ معلوم نہیں، انہوں نے اور کیا کچھ دیکھا کہ صبح ہوتے ہی اپنا سامان بندھوا کر خلافت ہاؤس چلے گئے اور مجھے اور میرے دوستوں کو اس قدر تند و تیز لہجے میں برا بھلا کہا کہ اب میں نے اس واقعہ کو یاد کیا ہے تو مجھے یوں محسوس ہوتا ہے کہ میرے کانوں میں پگھلا ہوا سیسہ اتر رہا ہے۔

انہوں نے اصل میں اپنی ساری زندگی قانون کی کتابوں میں گزاری تھی۔ ساری عمر مقدمے لڑتے رہے تھے۔ لاہور میں، بمبئی میں، مشرقی افریقہ اور جزائر فجی میں۔ ان

کو کیا معلوم کہ فلمی دنیا کیا ہوتی ہے؟ اور اس کے عاشق و معشوق کس قسم کے ہوتے ہیں۔ یہی وجہ ہے کہ وہ سر پر پاؤں رکھ کر بھاگے اور خلافت ہاؤس میں جا کر پناہ لی۔ پر لطف کی بات یہ ہے کہ یہ خلافت ہاؤس ایک ایسی گلی میں واقع ہے جس کا نام "لَو لین" ہے، یعنی محبت کی گلی ہے۔

یہ قصہ تو خیر ضمناً آگیا کہ زیبِ داستان کے لئے ضروری تھا۔ اب میں نور جہاں کی طرف لوٹتا ہوں جس کی بڑی بہن وہیں کیڈل روڈ پر پاس ہی اپنے بھائی کے ذریعے سے پیشہ کراتی تھی مگر پرائیویٹ طور پر۔۔۔ مجھے معلوم نہیں کہ یہ دونوں بہنیں آپس میں ملتی تھیں یا نہیں، لیکن جہاں تک میں سمجھتا ہوں، شوکت نے اس کی اجازت نور جہاں کو کبھی نہ دی ہو گی۔

نور جہاں کا بھائی پرلے درجے کا جواری تھا۔ سٹہ کھیلتا تھا۔ تاش کے پتوں پر داؤ لگاتا تھا، ریسوں میں جاتا تھا۔ اس کو ظاہر ہے کہ نور جہاں اور شوکت کا ملاپ سخت شاق گزرا تھا۔ جیسا کہ میں اس سے پیشتر عرض کر چکا ہوں۔ اس نے چچا نظامی سے مل کر بہت کوشش کی کہ وہ پھر ایک دوسرے سے جدا ہو جائیں نور جہاں ان دونوں کی روزی کا ٹھیکرہ بن جائے مگر یہ بیل منڈھے نہ چڑھی۔ شوکت کو ہر قسم کی دھمکیاں دی گئیں مگر وہ بھی ایک دبنگ آدمی ہے، اس لئے ان کی کوئی پروانہ کی اور نتیجہ اس کا یہ نکلا کہ یہ محاذ بالکل خاموش ہو گیا۔

فلم "نوکر" کی شوٹنگ جاری تھی۔ رفیق اس کی موسیقی مرتب کر رہا تھا۔ بظاہر وہ اپنے کام میں پورے انہماک سے دلچسپی لیتا تھا، مگر میں صاف محسوس کرتا تھا کہ رفیق غزنوی ہر وقت الجھن سی محسوس کرتا ہے۔ اس لیے کہ اس کی عین ناک کے نیچے (یہ بھی انگریزی محاورہ ہے) ایک اور شخص اس لونڈیا کو اڑا لے گیا تھا جس پر اس کی عشق پیشہ

آنکھ تھی۔

بہر حال فلم "نوکر" کی تکمیل افتاں و خیزاں جاری تھی۔ اس دوران میں مجھے معلوم ہوا کہ شوکت فلم سازی کے معاملے میں بے حد متلون مزاج ہے۔ اس کو ایک آدمی کا کام پسند نہیں آتا بلکہ یوں کہیے کہ اس کو فقط ایک آدمی کے کام سے اطمینان نہیں ہوتا۔ میں نے اس کو کہانی کا منظر نامہ معہ مکالموں کے لکھ کر دے دیا تھا مگر بعد میں پتہ چلا کہ وہ خفیہ طور پر کئی آدمیوں سے مکالمے لکھوا رہا ہے۔ اس میں ہمارے بزرگ اشک عظیم آبادی بھی تھے۔ مجھے بہت تاؤ آیا۔ جہاں تک اشک صاحب کا تعلق تھا، مجھے کیا اعتراض ہو سکتا تھا۔ مگر دوسروں کو میں قطعاً برداشت نہیں کر سکتا تھا۔ چنانچہ میں نے بڑے گرم الفاظ میں شوکت سے اپنی شکایت کا اظہار کیا۔ آدمی سمجھ دار ہے۔ حکمتِ عملی سے کام لے کر اس نے میرے دماغ پر برف کی کئی سلیں رکھ دیں مگر میں دل برداشتہ ہو چکا تھا کیونکہ کہانی بھی میری مرضی کے مطابق نہیں لکھی گئی تھی اور اس کے ہر کونے اور ہر موڑ پر شوکت نے اپنی من مانی کی تھی۔

میں بڑا ہٹ دھرم اور ضدی آدمی ہوں، لیکن شوکت کے سامنے میری کوئی پیش نہ چلتی تھی۔ اس کے علاوہ میں نے چند دن اس کے ساتھ کام کر کے قطعی طور پر جان لیا تھا کہ یہ شخص جو میرے ساتھ ہرن مارکہ وسکی اور کریون اے کے سگریٹ پیتا رہا ہے اور میری ہر بات مانتا رہا ہے، فلم سازی کے معاملے میں وہی کچھ کرے گا جو اس کا گھڑی ساز دماغ مناسب سمجھتا ہو گا۔ چنانچہ یہی ہوا اور میں نے فیصلہ کر لیا کہ دبے پاؤں فلم "نوکر" کی پروڈکشن سے باہر نکل جاؤں گا۔

میں نے ایسا ہی کیا۔ شوکت چونکہ میرے اڑیل مزاج سے واقف تھا، اس لیے اس نے میرے اس فرار کو سکون کے لئے اچھا سمجھا کیونکہ بہت ممکن تھا کہ اگر میں کسی نکتے

پر اڑ جاتا تو فلم کی شوٹنگ مہینوں تک کھٹائی میں پڑی رہتی۔

مجھے اس سے شکایت تھی، اس کو بھی اپنی جگہ یقیناً ہوگی۔ مگر ہمارے دوستانہ تعلقات میں کوئی فرق نہ آیا۔ میں اس سے پیشتر عرض کر چکا ہوں کہ ملک میں سیاسی گڑبڑ کے باعث فلم انڈسٹری کی حالت بالکل چھوئی موئی کی سی تھی۔ کسی نے اسٹول پر چڑھ کر "انقلاب زندہ باد" کا نعرہ لگایا تو کئی فلموں کا اسقاط ہو جاتا تھا۔ یوں بھی ان دنوں جنگ کے باعث خام مال قریب قریب نایاب تھا۔ حالات چونکہ غیر یقینی تھے، اس لیے بہت کم فلم ڈائرکٹروں کی مالی حالت اچھی تھی۔ پروڈیوسروں کے پاس ایک گڑھا گڑھایا اور بہت معقول بہانہ موجود تھا کہ روپیہ کہاں سے لائیں؟ جنگ شروع ہے۔ آج کریٹ کی لڑائی ہے اور کل فن لینڈ کی۔ پرسوں جاپان کے حملے کا خطرہ ہے۔ مگر سچ پوچھئے تو یہی وہ زمانہ تھا کہ جب پروڈیوسروں اور سرمایہ لگانے والوں نے جھولیاں بھر بھر کے کمایا۔

شوکت کا اس دوران میں ایک اور جگہ کنٹریکٹ ہوا۔ غالباً سیٹھ زویری (بمبئی میں جوہری کی بگڑی ہوئی شکل) سے۔ یہ ایک بڑا ابر خود غلط قسم کا انسان تھا۔ بڑے ادنیٰ درجے سے تعلق رکھتا تھا، مگر جنگ نے اسے سیٹھ بنا دیا تھا۔ اب وہ کھل کھیلنا چاہتا تھا۔ چنانچہ اس نے ایک فلم کمپنی کھڑی کر دی تھی۔ دو چار موٹریں لے لی تھیں۔ اونچی جگہوں پر تو اس کا ہاتھ نہ پہنچتا تھا مگر وہ ایکسٹرا لڑکیوں کو پھانسنے میں کامیاب ہو جاتا تھا۔

اس سیٹھ سے شوکت کا کنٹریکٹ ہوا تو اس نے تین ہزار روپے پیشگی دیے۔ میں شوکت کے ساتھ تھا۔ جب چیک کیش ہو گیا تو میں نے روپے اس سے لے لیے اور اس سے کہا، "چلو! ڈاک خانے چلیں۔" ڈاک خانے پہنچ کر میں نے وہ روپے سب کے سب ہی شوکت کے گھر رجسٹری اور بیمہ کرا کے بھیج دیے۔ میرا خیال ہے نور جہاں کو میری یہ حرکت یقیناً ناگوار گزری ہوگی۔ لیکن میرا اس سے کیا سروکار؟

اسی دوران میں شوکت کو میں نے مجبور کیا کہ وہ اپنی زندگی کا بیمہ کرا لے۔ وہ میری باتوں کو بہت کم رد کرتا تھا، فوراً مان گیا۔ چنانچہ دس ہزار روپے کی پالیسی لے لی گئی۔ معلوم نہیں، مجھے یہ سب باتیں اور یہ تمام حرکات بزرگانہ ہونے کے بجائے طفلانہ معلوم ہوتی ہیں۔ صاف اوروں کو نصیحت اور خود میاں فضیحت والا معاملہ تھا۔

نور جہاں اب خوب نکھر گئی تھی۔ مرد کی قربت بھی عورت کے حسن کے لئے کتنی ضروری ہوتی ہے۔۔۔ اس کے جسم کے خطوط اب واضح شکل اختیار کر چکے تھے۔ وہ تمام خالی جگہیں جو لاہور میں پر نہ ہوئی تھیں، یہاں بمبئی میں پر ہو گئی تھیں اور اس پر جسم کی لذتوں کے قریب قریب تمام اسرار منکشف ہو چکے تھے۔ نور جہاں گو اب بھی لوگوں کی زبان پر "بے بی نور جہاں" تھی مگر وہ عشق و محبت کا جھولا جھول جھول کر ان تمام جھونٹوں سے آگاہ ہو چکی تھی جو اس کی رسیوں میں پوشیدہ ہوتے ہیں۔

ایک دن آؤٹ ڈور شوٹنگ تھی۔ بمبئی کے مضافات میں کسی کا ایک خوبصورت باغ تھا جس کو شوکت نے منتخب کیا تھا۔ کیمرے کے لینس کے ساتھ ریڈ فلٹر لگا کر منظر کشی کرنا تھی کہ دن کی بجائے رات معلوم ہو اور جو دھوپ ہو وہ چاندنی نظر آئے۔

شوکت نے اصرار کیا کہ میں اس کے ساتھ ضرور چلوں۔ مجھے دیر ہو گئی۔ اس لیے میں سیٹھ ویاس کی گاڑی میں وہاں پہنچا۔ نور جہاں کو میں نے لوکیشن پر دیکھا تو میری آنکھوں کو زبردست دھکا لگا۔ عجیب و غریب لباس پہنے تھی۔ لباس کی وضع قطع میرے لئے نئی نہیں تھی۔ معمولی شلوار قمیص تھی مگر اس میں آنکھوں کے لئے بڑی خارش پیدا کرنے والی حدت تھی۔

شلوار جالی کی تھی، جسے انگریزی میں "نٹ" کہتے ہیں۔ عام طور پر یہ کپڑا کھڑکیوں کے پردوں کیلئے استعمال ہوتا ہے معلوم نہیں یہ نور جہاں کی اپج تھی یا سید شوکت حسین

رضوی کی مگر وہ یہ لاکھوں کھڑکیوں والی شلوار پہنے تھی جس میں اس کی ٹانگیں بغیر کسی تکلف کے چھن چھن کے باہر آرہی تھیں۔ قمیص بھی اسی کپڑے کی تھی۔ اب آپ خود ہی اندازہ لگالیجئے کہ اس ملبوس نے نور جہاں کو ڈھانکنے کی کتنی کوشش کی ہوگی۔

شوبھنا سمرتھ بھی موجود تھی۔ نور جہاں کو اس لباس میں دیکھ کر واللہ میں تو بوکھلا گیا تھا۔ ایسا لباس، پھر روشنی کے پیش منظر میں، میں نے اپنی زخمی نگاہیں ادھر سے ہٹائیں اور شوبھنا کے پاس چلا گیا کہ وہ مستور تھی۔ شوبھنا سمرتھ تعلیم یافتہ عورت ہے۔ گفتگو کا سلیقہ رکھتی ہے۔ چونکہ اچھے مرہٹی خاندان کی ہے، اس لیے اس میں ہلکٹ پن (بمبئی کی زبان میں) نہیں۔ بڑی ہی باتمیز عورت ہے۔ وہ بھی اس فلم میں کام کررہی تھی۔ میں اس کے ساتھ گھاس کے ایک تختے پر بیٹھ گیا اور اپنی وہ کوفت اور اپنا وہ تکدر دور کرتا رہا جو نور جہاں کا کھڑکیوں والا لباس دیکھ کر میرے دل و دماغ میں پیدا ہوا تھا۔

جیسا کہ میں اس سے پہلے بیان کرچکا ہوں، مجھے فلم "نوکر" سے کوئی دلچسپی نہیں رہی تھی۔ شوکت اپنی من مانی کررہا تھا اور میں اس میں دخل دینے سے کتراتا تھا کہ میرے اور اس کے تعلقات کہیں خراب نہ ہوجائیں۔

نور جہاں سے اس کے گھر میں کئی مرتبہ ملاقاتیں ہوئیں۔ میں نے اس کا جب بھی اور زیادہ غور سے مطالعہ کیا تو مجھے محسوس ہوا کہ وہ جس طبقے سے تعلق رکھتی ہے، اسی کی خصوصیات اس میں بدرجہ اتم موجود ہیں۔ اس کی ہر ادا میں اور ہر حرکت میں ایک بناوٹی ادا تھی، ایک نخرہ تھا جسے سنجیدہ نگاہیں شاید ہی قبول کرسکیں۔

مجھے تعجب ہے کہ سیٹھ شوکت ٹھیٹھ ہندوستانی (یعنی یوپی کا باشندہ) اور وہ ٹھیٹھ پنجابی، ایک لحاظ سے جٹنی، گاؤں کی مٹیار۔۔۔ لیکن دونوں بہت خوش تھے۔ شوکت پنجابی نما اردو بولنے کی کوشش کرتا اور وہ اردو نما پنجابی۔ خاصی دلچسپ چیز تھی۔

فلم "نوکر" ختم ہوئی تو شوکت اور میرے درمیان فاصلہ بڑھ گیا۔ وہ عشق کے جھولے جھول کر اب کاروباری دھندوں میں مشغول ہو گیا تھا اور میں اپنے کاموں میں۔ گاہے گاہے کسی فلم کمپنی کے دفتر میں، یا سڑک پر اس سے ملاقات ہو جاتی تھی مگر وہ بھی چند منٹوں کی خیر خیریت دریافت کی اور اپنی اپنی راہ لی۔

فلم انڈسٹری کی حالت اب بہتر تھی۔ جنگ کا خوف پروڈیوسروں کے سر سے اتر چکا تھا اور فلم انڈسٹری کے تمام متعلقین کو معلوم ہو چکا تھا کہ یہ زمانہ کمانے کا ہے۔ چنانچہ لاکھوں روپے ادھر سے ادھر آ جا رہے تھے۔

شوکت ذہین ہونے کے علاوہ کاروباری آدمی بھی ہے۔ چنانچہ اس نے اس موقعہ سے فائدہ اٹھایا اور کچھ عرصے کے بعد اپنی ذاتی فلم کمپنی قائم کی اور ایک بڑا کامیاب فلم بنایا۔ یوں تو اس کی ساکھ پہلے ہی قائم تھی کہ فلم انڈسٹری کے لوگ اسے ایک قابل ڈائرکٹر اور ماہر اڈیٹر مانتے تھے لیکن جب اس نے اپنی ذاتی فلم کمپنی کھڑی کی تو انڈسٹری کے حلقوں میں اس کا وقار اور بھی بڑھ گیا۔

عام طور پر ڈائریکٹر یا پروڈیوسر فلمی دنیا میں کسی ایکٹرس سے صرف اس لیے شادی کرتے ہیں کہ وہ ان کی کشتی حیات میں پتوار کا کام دے۔ معلوم نہیں شوکت نے نور جہاں سے کیا اسی مقصد کے پیش نظر شادی کی تھی، لیکن میں سمجھتا ہوں کہ اگر وہ اس سے شادی نہ بھی کرتا تو بھی اس کی آمدنی میں روز افزوں ترقی ہوتی رہتی، اس لئے کہ وہ اپنے فن کو جانتا ہے اور پھر مزدوروں کی طرح مشقت کر سکتا ہے۔

مجھے معلوم نہیں، شوکت بمبئی کو چھوڑ کر پاکستان کیوں آیا۔ شاید اس کی وجہ یہ ہو کہ وہ بڑا اکٹر قسم کا مسلمان ہے۔ اگر وہاں بمبئی میں کسی نے مسلمانوں کے خلاف ایک جملہ بھی کہہ دیا ہوتا تو مجھے یقین ہے کہ وہ اس کی کھوپڑی پیچ کش سے کھول دیتا اور اس کی

اصلاح کرنے کی ناکام کوشش کرتا۔ اور یہ بھی ہو سکتا ہے کہ نور جہاں نے اسے مجبور کیا ہو کہ اسے لاہور بہت پیارا ہے۔ کیونکہ پنجابیوں کے کہنے کے مطابق "لاہور لاہور ہے۔"

بمبئی میں وہ بہت کامیاب تھا۔ اس نے ایک دو فلم ایسے بنائے تھے جن سے اس کی دھاک بیٹھ گئی تھی، وہ کروڑوں روپے وہاں پیدا کر سکتا تھا، لیکن اس نے پاکستان کو اپنا گھر بنایا۔ اس کا گھڑی ساز دماغ جو سوئی کی ایک خفیف سی غلط حرکت کو بھی برداشت نہیں کر سکتا۔ یہاں پاکستان کی فلم انڈسٹری کے لئے جو حالت نزع میں تھی، کام آیا۔ اس نے شوری کا جلا ہوا، سڑا ہوا، نہایت شکستہ، اسٹوڈیو حاصل کیا اور اسے ایک اعلیٰ ترین نگار خانے میں تبدیل کر دیا۔

آپ میں سے بہت کم حضرات جانتے ہوں گے کہ شاہ نور اسٹوڈیو میں جو بھی کیل ٹھکی ہے، اس میں شوکت حسین رضوی کا ہاتھ ہے۔ جو پیچ لگا ہے، اس پر شوکت کے پیچ کش کا نشان ہے۔ وہاں چھوٹے سے بوٹے سے لے کر لیبارٹری کی بھاری بھرکم مشینری تک سب اس کے ہاتھ کی لگی ہے۔

یہ بہت بڑا وصف ہے۔۔۔ اتنا بڑا کہ اس کے اور دوسروں کے لئے نقصان دہ ثابت ہوا ہے۔ ہر بات میں عملی طور پر دخل دینے سے اس نے کئی گڑبڑ گھوٹالے (بمبئی کی زبان) میں کیے ہیں۔ یوں وہ بڑے ٹھاٹ سے رہتا ہے لیکن میں آپ کو ایک پر لطف قصہ سناتا ہوں۔

یہاں لاہور میں آکر بھی وہ میرا دوست ہے۔ اکثر میری مدد کرتا رہا ہے۔ ایک بار میں اس کے پاس گیا۔ اس کی بے داغ سفید قمیص کے بٹن موجود نہیں تھے۔ میں نے اپنی حیرت کا اظہار کیا کہ یہ کیا قصہ ہے؟

اس نے مسکرا کر کہا، "کیا بتاؤں یار۔۔۔ پیسے ہی نہیں کہ بٹن خرید سکوں۔۔۔"

جب میں نے اس سے سگریٹ طلب کیا تو اس نے مجھے بتایا کہ دس روز سے وہ سگریٹ ادھار لے رہا ہے۔۔۔"

یہ اس شخص کی حالت تھی جس کے اسٹوڈیو میں لوگوں کو ریفریجریٹر سے ٹھنڈا پانی ملتا ہے، جہاں پر پھول کھلتے ہیں، جہاں کئی مالی کام کرتے ہیں، جہاں سیکڑوں مزدور ہیں، جہاں نور جہاں ہے جو اعلیٰ سے اعلیٰ کپڑے پہنتی ہے اور موٹروں میں گھومتی ہے۔

نور جہاں کے متعلق کئی افواہیں مشہور ہیں۔ بہت ممکن ہے کہ ان میں سے کچھ حقیقت پر مبنی بھی ہوں۔ لیکن میں اتنا جانتا ہوں کہ وہ دو نہایت پیارے بچوں کی ماں ہے جو چیفس کالج کے صاف ستھرے ماحول میں تعلیم حاصل کر رہے ہیں اور وہ ان سے پیار کرتی ہے۔

پچھلے دنوں چیفس کالج میں ایک جلسہ تھا۔ جس میں چند ننھے منے بچوں نے حصہ لیا تھا۔ اس میں ایک ڈانس تھا۔ رادھا کرشنا ڈانس۔ نور جہاں کا بڑا لڑکا ایک گوپی بنا ہوا تھا۔ اس نسوانی لباس میں وہ بہت پیارا دکھائی دے رہا تھا۔ اس کا رقص بھی بہت خوب تھا۔ نور جہاں یقیناً رقص جانتی ہے۔ معلوم نہیں اس نے اپنے اکبر کو خود تعلیم دی ہے یا وہ خود بخود خون کے ذریعے یہ سب کچھ سیکھا۔ بہر حال اب دیکھنا یہ ہے کہ اکبر، اور اصغر جو کہ چیفس کالج میں تعلیم حاصل کر رہے ہیں، آگے چل کر کیا بنتے ہیں؟

کیا یہ بیری موروں اور پر تھوی راجوں کا خاندان بنے گا۔۔۔؟ فی الحال ہم اس کے متعلق کیا کچھ کہہ سکتے ہیں۔

نور جہاں ذرا بد دماغ ہے۔ اس کو اپنے حسن پر تو ناز نہیں ہونا چاہئے کہ ایسی کوئی چیز اس میں نہیں ہے۔ ایک فقط آواز ہے، گلا ہے، جو نور سے بھرا ہے۔ اس پر اگر اسے ناز ہے تو بجا ہے۔ مگر بد دماغ ہونے کا پھر بھی کوئی صحیح جواز نہیں۔

مجھے یاد ہے۔ ایک مرتبہ میری بیوی نے بمبئی میں مجھ سے کہا، "آپ نور جہاں کو جانتے ہیں۔ وہ ہمارے گھر کئی مرتبہ آچکی ہے۔ کیا وہ اب نہیں آسکتی۔ میری چند سہیلیاں اس سے ملنا چاہتی ہیں۔" میں نے اس سے کہا، "کیوں نہیں آسکتی۔ ہزار مرتبہ آسکتی ہے۔" میں نے شوکت سے کہا تو اس نے دوسرے ہی روز اسے بھیج دیا۔ میں نے بہت سی ایکٹرسیں دیکھی ہیں۔ بڑے اونچے پائے کی، بہت مشہور، بہت معروف، مگر ان میں مجھے وہ تکلف نظر نہیں آیا جو نور جہاں میں ہے۔ وہ بنتی ہے۔ اس کی مسکراہٹ، اس کی ہنسی، اس کا سلام، اس کی مزاج پرسی سب مصنوعی ہوتی ہے۔ معلوم نہیں یہ چیز اس کی طبیعت میں کیسے داخل ہوئی۔ بعض اوقات جب میں اس کی اور شوکت کی ازدواجی زندگی کا تصور کرتا ہوں تو مجھے وہ بھی مصنوعی سی دکھائی دیتی ہے۔ لیکن خدا کا شکر ہے کہ ایسی نہیں!

نور جہاں آئی، سب سے بڑے پر خلوص تپاک سے، جسے میں اب بھی مصنوعی سمجھتا ہوں ملی۔ میں تو چاہتا تھا کہ عورتوں کو چھوڑ کر چلا جاؤں کہ وہ آزادانہ طور پر گفتگو کرسکیں گی۔ مگر میری بیوی کی ایک سہیلی نے اصرار کیا کہ میں موجود رہوں اور نور جہاں سے کہوں کہ وہ گانا گائے۔

چنانچہ میں نے فوراً بڑے بے تکلف انداز میں نور جہاں سے کہا کہ بھئی ایک دو گانے ہو جائیں کہ یہ لوگ تمہاری آواز کا "زندہ ناچ و گانا" سننا اور دیکھنا چاہتی ہیں۔ نور جہاں نے ایک پر تکلف ادا سے جواب دیا، "نہیں منٹو صاحب! پھر کبھی۔۔۔ میرا گلا ٹھیک نہیں۔"

میں کباب ہو گیا۔ اس کا گلا بالکل ٹھیک تھا۔ اس کا گلا فولاد کا گلا ہے جو کبھی خراب ہی نہیں ہو سکتا۔ صریحاً نخرے کر رہی تھی۔ میں نے اس سے پھر کہا، "نور جہاں! یہ بہانہ نہیں چلے گا۔۔۔ تمہیں گانا پڑے گا۔ میں تو تمہیں ہزار مرتبہ سن چکا ہوں۔ مگر ان

لوگوں کو اشتیاق ہے، اس لئے تمہیں اچھے برے گلے کے ساتھ ہی گا دینا چاہئے۔۔۔"

بہت دیر تک ادھر سے انکار، ادھر سے اصرار ہوتا رہا۔ میری بیوی نے کہا، جانے دو، جب وہ نہیں گانا چاہتیں تو آپ اس قدر زور کیوں دیتے ہیں۔ مگر۔۔۔ میں بھی ایک ضدی ہوں، نور جہاں کے پیچھے پڑ گیا۔ آخر اس کو فیض کی وہ غزل گانی پڑی۔

آج کی رات سازِ دلِ پُر درد نہ چھیڑ

کم بخت نے کیا دھن بنائی تھی اور کیا آواز تھی کہ اب اتنے برس گزر جانے کے بعد بھی میرے کان اس شہد بھری آواز کو سن سکتے ہیں۔

نور جہاں کے کئی عاشق ہوں گے۔ میں ایسے کئی باورچیوں کو جانتا ہوں جو چولھے کے پاس نور جہاں کی تصویریں لگا کر اپنے صاحبوں اور میموں وغیرہ کا کھانا پکاتے ہیں اور اس کے گائے ہوئے گیت اپنی کن سری آواز میں گاتے ہیں۔

گھروں کے ان نوکروں کو بھی میں جانتا ہوں جو نمی، نرگس اور کامنی کوشل کو پسند نہیں کرتے لیکن نور جہاں کے والہ وشیدا ہیں، جہاں کہیں اس کی تصویر مل جائے، کاٹ کر اپنے ٹوٹے ہوئے ٹرنک میں رکھ لیتے ہیں اور فرصت کے وقت دیکھ دیکھ کر اپنی آنکھیں سینکتے ہیں اور نور جہاں کو اگر کوئی برا کہے تو لڑنے مرنے پر تیار ہو جاتے ہیں۔

اور میرے گھر میں اس کا ایک عاشقِ زار موجود ہے۔ وہ ہر خوبصورت لڑکی، ہر دلہن، ہر سرخ پوش عورت کو نور جہاں کہتا ہے۔ اس کو نور جہاں کے گائے ہوئے گانے قریب قریب سب یاد ہیں۔ وہ خود بھی بڑا حسین ہے لیکن جانے اسے نور جہاں کی کون سی ادا بھا گئی ہے کہ وہ دن رات اسی کا ذکر کرتا ہے۔

وہ میرا قریب ترین عزیز ہے۔ میری سالی اور میرے بھانجے کا لڑکا ہے۔ اس کا نام شاہد جلال ہے۔ ہم سب اسے پیار سے ٹاکو کہتے ہیں۔ اس کو ہم سب بہت سمجھا بجھا چکے ہیں

کہ دیکھو تم نور جہاں کا خیال چھوڑ دو، وہ ایک بیاہتا عورت ہے جس کے کئی بچے ہیں۔ تمہاری اور اس کی شادی نہیں ہو سکتی۔ مگر وہ نہیں مانتا۔ فلم دیکھتا ہے لیکن اگر اس میں نور جہاں نہ ہو تو اسے بہت کوفت ہوتی ہے۔ یہ کوفت وہ گھر آکر نور جہاں کے گائے ہوئے گانے گا کر دور کرتا ہے اور اپنی ماں اور اپنے باپ سے کہتا ہے کہ مجھے اور کوئی نہیں چاہئے، صرف نور جہاں چاہیے۔

پچھلے دنوں اس کے دادا میاں جلال دین، شوکت رضوی کے پاس گئے تھے اور انہوں نے اس سے کہا تھا کہ، "دیکھو! تمہاری بیوی کا ایک عاشق پیدا ہو گیا ہے جو بری طرح اس پر لٹو ہے۔ ایسا نہ ہو کہ وہ کسی روز نور جہاں کو لے اڑے اور تم منہ دیکھتے رہ جاؤ۔" وہ بہت حیران ہوا۔ اس لیے کہ میاں صاحب موصوف نے یہ بات شوکت کو بتائی تھی۔ پہلے تو وہ جھینپا، پھر اس نے پوچھا، "میاں صاحب! وہ کون شخص ہے؟"

میاں صاحب نے مسکرا کر اس سے کہا، "میرا پوتا۔"

"آپ کا پوتا۔۔؟ کیا عمر ہے اس کی؟"

میاں صاحب نے جواب دیا، "یہی، چار برس کے قریب۔۔!"

یہ حال ہی کی بات ہے۔ نور جہاں نے جب یہ ساری بات سنی تو بہت محظوظ ہوئی۔ اس نے کہا، "میں خود اپنے عاشق کے پاس جاؤں گی اور اس سے شادی کر لوں گی۔" شاہد جلال بہت خوش ہے کہ وہ اس دن کا بڑی بے تابی سے انتظار کر رہا ہے جب نور جہاں خود اس کے پاس چل کر آئے گی اور وہ اسے اپنی دلہن بنا لے گا۔

پچھلے دنوں نور جہاں کے ایک اور عاشق کا قصہ سننے میں آیا تھا مگر وہ چار برس کا نہیں تھا۔ اچھا خاصا جوان تھا اور غالباً نائی یعنی حجام تھا۔ ہر وقت اس کے گائے ہوئے گانے گاتا رہتا تھا اور اسی کی باتیں کرتا تھا۔ ایک آدمی نے اس سے کہا، "کیا واقعی تمہیں نور

جہاں سے محبت ہے ؟" حجام نے بڑے پر خلوص انداز میں اسے جواب دیا، "اس میں کیا شک ہے۔" اس کے دوست نے اس کا امتحان لینا چاہا، "اگر تمہیں اس سے سچی محبت ہے تو کیا مہینوال کی طرح تم اس کے لئے اپنا گوشت دے سکتے ہو کہ کباب بنا کر اسے بھیجے جائیں؟"

حجام نے تیز استرا نکال کر اپنے دوست کے ہاتھ میں دے دیا اور اپنے دوست سے کہا، "جہاں سے چاہو، تم میرا گوشت کاٹ لو۔" اس کا دوست بھی معلوم نہیں، کس قسم کا انسان تھا کہ اس نے اس کے بازو سے پاؤ بھر گوشت کا ٹکڑا استرے سے کاٹ کر الگ کر دیا اور خود بھاگ گیا کہ حجام صاحب اس قربانی کے بعد خون کے بہاؤ کے باعث بے ہوش ہو گئے۔ اس عاشقِ زار کو جب میو ہسپتال میں داخل کیا گیا اور جب اس کو تھوڑا سا ہوش آیا تو اس کی زبان پر نور جہاں کا نام تھا۔

(یہاں سے تین صفحے کمپوز ہونے سے رہ گیے ہیں۔۔۔ پروف: شیطان، صفحہ 189 سے 192 دیکھ لیا جائے)

اس کے علاوہ آج کل نور جہاں پر ایک مقدمہ بھی چل رہا ہے۔ الزام یہ ہے کہ اس نے ایک نئی نویلی دلہن ایکٹرس نگہت سلطانہ کو اپنے اسٹوڈیو میں خوب مارا پیٹا، اس کا منہ نوچا اور اس کی خوب مرمت کی اور مقدمہ عدالت میں ہے۔ اس لیے میں اس کے متعلق کچھ کہنا نہیں چاہتا کہ توہین عدالت کے مترادف ہو گا۔ لیکن سمجھ میں نہیں آتا کہ نور جہاں نے اس نگہت سلطانہ کی مرمت کیوں ضروری سمجھی۔ سچ پوچھئے تو میں نے پچھلے دنوں ہی جب اس جھگڑے کی خبر سنی تو نگہت سلطانہ کا نام سنا۔ معلوم نہیں، یہ محترمہ کب اور کیسے ایکٹرس بنیں؟ سنا ہے کہ ڈھاکے کی رہنے والی ہیں۔۔۔ ہو گا، دیکھئے اس مقدمہ کا فیصلہ کیا ہوتا ہے؟

نور جہاں کا خاوند بانکا چھبیلا سید شوکت حسین روی موجود ہے۔ اس کی خوبصورت اولاد ہے۔ وہ ماں ہے۔ اس کے لئے لاہور کا حجام اپنی ران کا نہیں تو اپنے بازو کا پاؤ بھر گوشت دے سکتا ہے۔ اس کا چار برس کا معصوم عاشق شاہد جلال عرف ٹاکو ہے جو ہر وقت اس کو دلہن بنانے کے خواب دیکھتا رہتا ہے۔ وہ باورچی ہیں جو اس کی تصویر چولھے کے پاس رکھ کر کھانا پکاتے ہیں۔ جو اس کے برتن مانجھتے ہیں اس کے گائے ہوئے گانے اپنی کن سری آواز میں گاتے ہیں اور یوں اپنی مشقت کا بوجھ ہلکا کرتے ہیں۔ اور ایک میں ہوں کہ جو اس کی واہیات انگیا دیکھ کر اپنی آنکھیں بند کر لیتا ہوں۔۔۔ معلوم نہیں، وہ اتنی اٹھان میں کیا خوبصورتی دیکھتی ہے اور سید شوکت حسین رضوی اس زیادتی کی اجازت کیوں دیتا ہے، جو باذوق نگاہوں پر بہت گراں گزرتی ہے۔

***

سعادت حسن منٹو کی یاد میں

شاہد احمد دہلوی

دبلا ڈیل، سوکھے سوکھے ہاتھ پاؤں، میانے قد، چمپئی رنگ، بے قرار آنکھوں پر سنہرے فریم کی عینک، کریم کلر کا سوٹ، سُرخ چُہچہاتی ٹائی، ایک دھان پان سا نوجوان مجھ سے ملنے آیا۔ یہ کوئی چوبیس پچیس سال اُدھر کا ذکر ہے۔ بڑا بے تکلف، تیز، طرّار، چرب زبان۔ بولا۔ "میں منٹو ہوں، سعادت حسن۔ آپ نے ہمایوں کا روسی ادب نمبر دیکھا ہو گا۔ اب ساقی کا فرانسیسی ادب نمبر نکالنا چاہتا ہوں۔"

پہلی ہی ملاقات میں اس کی یہ ضرورت سے بڑھی ہوئی بے تکلفی طبیعت کو کچھ ناگوار گزری۔ میں نے اُس کا پانی اتارنے کے لئے پوچھا۔ "آپ کو فرانسیسی آتی ہے؟"

بولا۔ "نہیں!"

میں نے کہا "تو پھر آپ کیا کر سکیں گے؟"

منٹو نے کہا۔ "انگریزی سے ترجمہ کر کے میں آپ کا یہ خاص نمبر ایڈٹ کروں گا۔" میں نے کہا "اپنا پرچہ تو میں خود ہی ایڈٹ کرتا ہوں۔ پھر ساقی کے چار خاص نمبر مقرر ہیں۔ ان کے علاوہ اور کوئی نمبر فی الحال شائع نہیں ہو سکتا۔"

منٹو نے دال گلتی نہ دیکھی تو فوراً اس موضوع کو ہی ٹال دیا۔ اور رخصت ہونے سے پہلے مجھ پر واضح کر گیا کہ اگر کسی مضمون کی ضرورت ہو تو معاوضہ بھیج کر اُس سے منگایا جا

سکتا ہے۔

اس زمانے میں منٹو ترجمہ ہی کیا کرتا تھا۔ اُس کی کتاب "سرگزشتِ اسیر" چھپ کر آئی تھی۔ منٹو سے کبھی خط و کتابت ہوتی رہی۔ اور اس کے چند مضامین ساقی میں چھپے بھی، مگر قلبی تعلقات اُس سے قائم نہ ہو سکے مجھے یہی گمان رہا کہ یہ شخص بہت بہکا ہوا ہے، شیخی خُور اور چھچھورا سا آدمی ہے۔ اس میں "میں" سما گئی ہے۔ زمانے کی چُھری تلے آئے گا تو سب ٹھیک ہو جائے گا۔

معلوم ہوا کہ بڑا اکھّڑ کمیونسٹ ہے اور مُسلم یونیورسٹی سے اسے یہ کہہ کر نکال دیا گیا ہے کہ تم کو دق ہے۔ علی گڑھ سے نکالے جانے کے بعد وہ اپنے گھر امرت سر چلا گیا۔ گھر والے بھی اس کے باغیانہ خیالات سے نالاں تھے، اس لیے اُن سے بھی بگاڑ ہو گیا تھا، امر تسر میں اپنے چند ہم خیال دوستوں کے ساتھ اپنی سرگرمیاں جاری رکھیں۔ ان کے لیڈر کمپنی کی حکومت" والے باری (علیگ) تھے۔ مگر یہ سب لوگ تو کچھ دبے دبے سے رہے، اس لئے حکومت کی قید و بند سے بچے رہے۔ پھر باری آرنگون چلے گئے اور میں بمبئی جا کر اخبار "مصوّر" میں نوکر ہو گیا۔

کئی سال گزر گئے۔ منٹو سے ایک آدھ ملاقات اور ہوئی، مگر دل کی جو اری ان سے اب بھی نہ کھلی۔ جیسا اور بہت سے۔۔۔ مضمون نگاروں سے تعلق تھا اُن سے بھی رہا۔ یہاں تک کہ پچھلی بڑی جنگ کے زمانے میں وہ دلّی ریڈیو میں آ گئے۔ اور اب جو ان سے پہلی ملاقات ہوئی تو اُنہوں نے چھوٹتے ہی کہا۔

"اب میں آپ سے معاوضہ نہیں لوں گا۔"

میں نے پوچھا۔ "کیوں؟"

بولے "معاوضہ میں اس لیے لیتا تھا کہ مجھے پیسوں کی ضرورت رہتی تھی۔"

دلّی ریڈیو اسٹیشن پر جنگ کے زمانے میں ادیبوں اور شاعروں کا بڑا اچھا جم گھٹا ہو گیا تھا۔ احمد شاہ بخاری (پطرس) کنٹرولر تھے، خبروں کے شعبے میں چراغ حسن حسرتؔ اور ڈاکٹر اختر حسین رائے پوری پروگرام کے شعبے میں ن۔م۔راشد۔ انصار ناصری، محمود نظامی اور کرشن چندر ہندی کے مسودہ نویس اوپندر ناتھ اشکؔ اور اردو کے منٹو اور میراجی تھے۔ اس زمانے میں منٹو کو بہت قریب سے دیکھنے کا مجھے موقع ملا۔

منٹو نے کچھ روپے جمع کر کے دو ٹائپ رائٹر خرید لئے، ایک انگریزی کا اور ایک اردو کا۔ اردو کا ٹائپ رائٹر وہ اپنے ساتھ ریڈیو اسٹیشن روزانہ لاتے تھے۔ منٹوؔ کے ذمہ جتنا کام تھا اس سے وہ کہیں زیادہ کرنے کی خواہش مند رہتے تھے۔ روزانہ دو تین ڈرامے اور فیچر لکھ دیتے۔ لکھنا تو انہوں نے بالکل چھوڑ ہی دیا تھا، کاغذ ٹائپ رائٹر پر چڑھایا۔ اور کھٹا کھٹ ٹائپ کرتے چلے جاتے۔ فیچر لکھنا اس زمانے میں بڑا کمال سمجھا جاتا تھا، مگر منٹو کے لیے یہ بائیں ہاتھ کا کھیل تھا۔ ذرا سی دیر میں فیچر ٹائپ کر کے بڑی حقارت سے پھینک دیا جاتا کہ۔۔۔۔۔

"لو، یہ رہا تمہارا فیچر!"

منٹو کی اس تیز رفتاری پر سب حیران ہوتے تھے۔ چیز ایسی چچی تلی ہوتی کہ کہیں اُنگلی دھرنے کی اُس میں گنجائش نہ ہوتی۔

دلّی آنے کے بعد منٹو کی افسانے نگاری کا دورِ جدید شروع ہوا۔ انہوں نے طبع زاد افسانے ایک اچھوتے انداز میں لکھنے شروع کئے۔ ساقیؔ کے لئے ہر مہینہ ایک افسانہ بغیر مانگے مل جاتا۔ "دھواں" اسی ریلے میں لکھا گیا، اور اس کی اشاعت پر دلّی کے پریس ایڈوائزر نے مجھے اپنے دفتر بلوایا۔ وہ پڑھا لکھا اور بھلا آدمی تھا۔ انگریزی ادبیات میں میرا ہم جماعت بھی رہ چکا تھا۔ بولا "بھائی، ذرا احتیاط رکھو۔ زمانہ برا ہے۔" بات آئی گئی ہوئی۔

میں نے منٹو سے اس کا ذکر کیا۔ حسب عادت بہت بگڑا مگر ساقی کے باب میں کچھ احتیاط برتنے لگا۔

لیکن یہ ناسور دلّی میں بند ہوا تو لاہور میں پھوٹا اور "بُو" پر حکومت پنجاب نے منٹو کو دھر لیا۔ صفائی کے گواہوں میں منٹو نے مجھے دلّی سے بلوایا تھا۔ عدالت ماتحت تو قائل نہ ہو سکی۔ لیکن اعلیٰ عدالت میں غالباً منٹو بری ہو گئے تھے۔ اس کے بعد رہا سہا خوف بھی منٹو کے دل سے نکل گیا، اور انہوں نے دھڑلے سے "فحش" مضامین لکھنے شروع کر دیئے۔ حکومت پنجاب کے پریس ایڈوائزر چودھری محمد حسین ایک عجیب و غریب بزرگ تھے۔ تھے تو علامہ اقبال کے حاشیہ نشینوں میں سے۔ مگر انہیں یہ زعم تھا کہ اقبال کو اقبال میں نے بنایا ہے۔ یہ صاحب ہاتھ دھو کر منٹو کے پیچھے پڑ گئے۔ اور یکے بعد دیگرے انہوں نے منٹو پر کئی مقدمات قائم کر دیئے۔ پھر ان کا نشہ اقتدار اتنا بڑھ گیا کہ انہوں نے مضمون نگاروں کے ساتھ ناشروں اور کتب فروشوں کو بھی لپیٹنا شروع کر دیا۔ مقدمات کے سلسلہ میں منٹو کو بمبئی سے لاہور آنا پڑتا تھا۔ ادھر ہم بھی دلّی سے ملزموں کی برات لے کر پہونچے تھے۔ چند روز لاہور کے ادبی حلقوں میں خاصی چہل پہل رہی۔ شاید ایک آدھ ہی افسانے میں جرمانہ قائم رہا، ورنہ اپیل میں سب بری ہوتے رہے اور چودھری صاحب کلتے رہے۔ منٹو نے اپنے مقدمات کی رُوداد کسی کتاب کے دیباچے میں لکھی ہے اور اس کتاب کو چودھری صاحب ہی کے نام سے معنون کیا ہے۔

منٹو کی باتیں بڑی دلچسپ ہوتی تھیں۔ انہیں ہمیشہ یہ احساس رہتا تھا کہ میں ہی سب سے اچھا لکھنے والا ہوں اس لئے وہ اپنے آگے کسی کو گردانتے نہ تھے۔ ذرا کسی نے ڈون کی لی اور منٹو نے اڑ لگایا خرابیٔ صحت کی وجہ سے منٹو کی طبیعت کچھ چڑچڑی ہو گئی تھی۔ مزاج میں سہار بالکل نہیں رہی تھی۔ بات بات پر اڑنے اور لڑنے لگتے تھے جو لوگ ان کے

مزاج کو سمجھ گئے تھے وہ ان سے بات کرنے میں احتیاط برتا کرتے تھے۔ اُن کا مرض بقول ان کے کسی ڈاکٹر سے تشخیص نہ ہو سکا۔ کوئی کہتا دق ہے، کوئی کہتا معدے کی خرابی ہے، کوئی کہتا جگر کا فعل کم ہو گیا ہے، اور ایک ستم ظریف نے کہا کہ تمہارا پیٹ چھوٹا ہے اور انتڑیاں بڑی ہیں۔ مگر منٹو ان سب بیماریوں سے بے پرواہو کر ساری بدپرہیزیاں کرتا رہا۔

منٹو کی زبان پر "فراڈ" کا لفظ بہت چڑھا ہوا تھا۔ میراجی کے ہاتھ میں دو لوہے کے گولے رہتے تھے۔ میں نے ان سے پوچھا، ان کا مصرف کیا ہے؟ منٹو نے کہا، فراڈ ہے۔ میراجی نے سیویوں کے مزعفر میں سالن ڈال کر کھانا شروع کر دیا۔ میں نے کہا یہ آپ کیا کر رہے ہیں؟ منٹو نے کہا "فراڈ"۔۔ اوپندر ناتھ اشکؔ نے کوئی چیز لکھی، منٹو نے کہا فراڈ ہے۔ اُس نے کچھ چیں چیں کی تو کہا "تو خود ایک فراڈ ہے۔"

یادش بخیر! ایک صاحب تھے دیوندر ستّیارتھی تھے۔ تھے کیا، اب بھی ہیں اور اردو اور ہندی کے بہت بڑے ادیب ہیں۔ لوک گیتوں پر انگریزی میں بھی ایک کتاب چھپوا چکے ہیں۔ اسی زمانے میں وہ دلّی آئے تو انہیں بھی افسانہ نگاری کا شوق چرّایا۔ خاصے جہاں دیدہ آدمی تھے مگر باتیں بڑی بھولی کرتے تھے۔ بھاری بھر کم قد آور آدمی، چہرے پر بہت زبردست ڈاڑھی۔ دراصل انہوں نے اپنی وضع قطع ٹیگور سے ملانے کی کوشش کی تھی۔ ٹیگور کے ساتھ انہوں نے ایک تصویر بھی کھنچوائی تھی جس کے نیچے لکھا ہوا تھا" گرو اور چیلا" ایک طرف سفید بگلا استاد اور دوسری طرف کالا بھجنگ شاگرد۔

ہاں تو ستّیارتھی صاحب نے افسانے لکھنے اور سنانے شروع کئے۔ ابتدا میں تو سب نے لحاظ مروّت میں چند افسانے سُنے پھر کنّی کاٹنے لگے، پھر انہیں دور ہی سے دیکھ کر بھاگنے لگے۔ مگر منٹو بھاگنے والا آدمی نہیں تھا۔ منٹو نے ایک آدھ افسانہ تو سُنا۔ اس کے بعد

ستّیار تھی صاحب کو گالیوں پر دھر لیا۔ منٹو نے برملا کہنا شروع کر دیا "تو بہت بڑا فراڈ ہے تیری ڈاڑھی، ڈاڑھی نہیں ہے، پراپگینڈا ہے۔ تو افسانے ہم سے ٹھیک کراتا ہے اور جا کر اپنے نام سے چھپوا لیتا ہے۔ " اور اس کے بعد مغلّظات سنانا شروع کر دیں۔ مگر صاحب مجال ہے کہ ستّیار تھی کی تیوری پر بل بھی آیا ہو! اسی طرح مسکراتے اور بھولی بھالی باتیں کرتے رہے میں کہتا تھا کہ اس شخص میں ولیوں کی صفات ہیں۔

منٹو کہتا "راسپوٹین ہے، ابلیس ہے!"

دراصل منٹو کو بناوٹ سے چڑ تھی۔ خود منٹو کا ظاہر و باطن ایک تھا، اس لئے لگی لپٹی نہیں رکھتا تھا۔ جو کچھ کہنا ہوتا صاف کہہ دیتا، بلکہ منٹو بدتمیزی کی حد تک منہ پھٹ تھا۔

ایک دفعہ احمد شاہ بخاری نے بڑے سرپرستانہ انداز میں کہا "دیکھو منٹو، میں تمہیں اپنے بیٹے کے برابر سمجھتا ہوں۔ "

منٹو نے جھلا کر کہا۔ " مگر میں آپ کو اپنا باپ نہیں سمجھتا!"

مزہ تو اس وقت آیا جب چراغ حسن حسرتؔ سے منٹو کی ٹکر ہوئی۔ واقعہ دلّی ریڈیو کا ہے جہاں اتفاق سے سبھی موجود تھے اور چائے کا دور چل رہا تھا۔ حسرتؔ اپنی علمیت کا رعب سب پر گانٹھتے تھے۔ ذکر تھا سومرسٹ ماہم کا جو منٹو کا محبوب افسانہ نگار تھا اور مولانا جھٹ بات کاٹ کر اپنی عربی فارسی کو بیچ میں لے آئے اور لگے اپنے چڑاؤنے انداز میں کہنے " مقامات حریری میں لکھا ہے۔۔۔ آپ نے تو کیا پڑھی ہوگی، عربی میں ہے یہ کتاب۔ " " دیوان حماسہ اگر آپ نے پڑھا ہوتا۔ مگر عربی آپ کو کہاں آتی ہے۔ " اور حسرتؔ نے تابڑ توڑ کئی عربی فارسی کتابوں کے نام گنوا دیئے۔

منٹو خاموش بیٹھا پیچ و تاب کھاتا رہا۔ بولا تو صرف اتنا بولا۔ " مولانا ہم نے عربی فارسی اتنی نہیں پڑھی تو کیا ہے؟ ہم نے اور بہت کچھ پڑھا ہے۔ "

بات شاید کچھ بڑھ جاتی مگر کرشن چندر وغیرہ نے بیچ میں پڑ کر موضوع ہی بدل دیا۔

اگلے دن جب پھر سب جمع ہوئے تو حسرتؔ کے آتے ہی بھونچال سا آگیا۔ منٹو کا جوابی حملہ شروع ہو گیا "کیوں مولانا آپ نے فلاں کتاب پڑھی ہے؟ مگر آپ نے کیا پڑھی ہو گی، وہ تو انگریزی میں ہے، اور فلاں کتاب؟ شاید آپ نے جدید ترین مصنف کا نام بھی نہیں سنا ہو گا۔" اور منٹو نے جتنے نام کتابوں کے لئے ان میں شاید ہی کوئی ایسی کتاب ہو جس کا نام مشہور ہو۔ منٹو نے کوئی پچاس نام ایک ہی سانس میں گنوا دیئے اور مولانا سے کہلوا لیا کہ ان میں سے ایک بھی کتاب نہیں پڑھی۔ ہم چشموں اور ہم نشینوں میں یوں سبکی ہوتے دیکھ کر مولانا کو پسینے آ گئے۔

منٹو نے کا کہا۔ "مولانا اگر آپ نے عربی فارسی پڑھی ہے تو ہم نے انگریزی پڑھی ہے۔ آپ میں کوئی سُرخاب کا پر لگا ہوا نہیں ہے۔ آئندہ ہم پر رعب جمانے کی کوشش نہ کیجئے۔"

مولانا کے جانے کے بعد کسی نے پوچھا۔ "یار تو نے اتنے سارے نام کہاں سے یاد کر لئے؟"

منٹو نے مسکر کر کہا۔ "کل شام یہاں سے اٹھ کر سیدھا انگریزی کتب فروش جیناؔ کے ہاں گیا تھا۔ جدید ترین مطبوعات فہرست اس سے لے کر میں نے رٹ ڈالی۔"

سُنا کہ اس بدمزگی کو یوں دور کیا گیا کہ احباب نے رات کو ایک (COCK TAIL) پارٹی برپا کی، اور جب چند دور ہو گئے تو منٹو اور حسرت کو گلے ملوا دیا۔

منٹو نے کہا "مولانا تم بھی فراڈ ہو اور میں بھی فراڈ ہوں۔"

حسرتؔ نے کہا "نہیں تم ماہم ہو۔"

منٹو نے کہنا "تم ابن خلدون ہو۔"

اور دونوں ایک دوسرے کے گلے لگ گئے۔

منٹو بڑا ذہین آدمی تھا۔ اگر ذرا کوئی اپنی حد سے بڑھتا تو وہ سمجھتا کہ یہ شخص میری توہین کر رہا ہے، مجھے احمق سمجھ رہا ہے۔ دل میں بات رکھنے کا وہ قائل نہیں تھا۔ اس کام کے لئے اوپندر ناتھ اشک بنا تھا۔ بڑی گٹھل طبیعت کا آدمی تھا۔ منٹو مہینے میں تیس چالیس ڈرامے اور فیچر لکھ دیتا تھا، اور اشک صرف دو ڈرامے لکھتا تھا، اور وہ بھی رو رو کر۔ پھر بڑی ڈھٹائی سے کہتا پھرتا تھا کہ جتنی تنخواہ مجھے ملتی ہے اس سے زیادہ کے یہ دو ڈرامے میں نے لکھے ہیں۔ منٹو اس کی بڑی درگت بناتا تھا۔ سب کے سامنے اسے فراڈ اور حرام زادہ تک کہہ دیتا تھا۔ اشک اس وقت تو روکھا ہو جاتا تھا لیکن منٹو کی باتیں دل میں رکھتا گیا، اور بعد میں بمبئی کی فلم انڈسٹری میں منٹو کی جڑ کاٹتا پھرا۔

شیخی کی باتیں منٹو کو سخت ناپسند تھیں۔ اور شیخی کر کری کرنے میں اُسے لطف آتا تھا۔ ن۔ م۔ راشد سے میں نے کہا۔ "یہ آپ کی چھوٹی بڑی شاعری ہمیں تو اچھی نہیں لگتی آخر اس میں کیا بات ہے؟"

راشد نے (RHYME) اور (RYTHYM) پر ایک مختصر لکچر جھاڑنے کے بعد اپنی نظم "اے مری ہم رقص مجھ کو تھام لے" مجھے سنانی شروع کی اور کہا "دیکھئے! میں نے اس نظم میں ڈانس کا روم رکھا ہے۔"

میں بڑی سعادت مندی سے سنتا رہا منٹو بھلا کب تاب لا سکتے تھے۔ چیخ کر بولے کونسا ڈانس؟ والز، رمبا، کتھاکلی، کتھک، منی پوری؟ فراڈ کہیں کا۔"

بچارے راشد کھسیانی ہنسی ہنس کر رہ گئے۔

منٹو کے دماغ میں نئے سے نئی بات آتی تھی۔ ایسی اپج کسی اور میں دیکھی ہی نہیں۔ ایک میم صاحب کی حسین ٹانگوں کو دیکھ کر کہنے لگے۔ "اگر مجھے چار ٹانگیں مل جائیں تو

انہیں کٹوا کر اپنے پلنگ کے پائے بنوالوں۔"

ریڈیو اسٹیشن پر منٹو ایک دن بڑے بے زار بیٹھے تھے۔ میں نے کہا۔ "خیریت تو ہے؟" بولے "سخت بد تمیز اور جاہل ہیں یہاں کے لوگ ٹیلی فون (RECEIVE) کر کے کہتا ہوں "منٹو" تو اُدھر سے وہ حیران ہو کر پوچھتا ہے "ون ٹو؟" میں کہتا ہوں "دن ٹو نہیں، منٹو"۔ تو وہ کہتا ہے "بھٹو"

منٹو کو اپنی زبان دانی پر بڑا ناز تھا، اور واقع میں منٹو بہت صحیح اور عمدہ زبان لکھتے تھے۔ انہوں نے اپنے کسی افسانے میں ایک عورت کا حلیہ لکھنے کے سلسلہ میں یہ بھی لکھا تھا کہ بچہ ہونے کے بعد اس کے پیٹ پر شکنیں پڑ گئی تھیں۔ میں نے شکنیں بدل کر سُیں کر دیا۔ جب افسانہ ساقی میں چھپ کر آیا تو منٹو اس لفظ پر اُچھل پڑے۔ بولے "میں نے جس وقت شکنیں لکھا تھا تو میں سوچ رہا تھا کہ یہ لفظ ٹھیک نہیں ہے۔ مگر میری سمجھ میں اور کوئی لفظ نہیں آیا۔ اصل لفظ یہی ہے جو میں لکھنا چاہتا تھا" اس کے بعد کھلے دل سے انہوں نے سب کے سامنے کہا کہ "میں صرف دو ایڈیٹروں کی اصلاح قبول کرتا ہوں، ایک آپ اور دوسرے حامد علی خاں۔ آپ دونوں کے علاوہ کسی اور کو میرا ایک لفظ بھی بدلنے کی اجازت نہیں ہے۔"

منٹو بظاہر بڑا اکھڑ اور بد تمیز آدمی نظر آتا تھا مگر دراصل اس کے پہلو میں ایک بڑا حساس دل تھا۔ دنیا نے اسے بڑے دکھ پہونچائے تھے۔ امیر گھرانے کا لاڈلا بچہ تھا۔ بگڑ گیا اور خوب پیٹ بھر کے بگڑا۔ دوست احباب، کنبہ دار، رشتہ دار، سب سے اسے تکلیفیں پہونچی تھیں۔ اس لئے اس میں نفرت کا جذبہ بہت بڑھ گیا تھا۔ مگر اس کی انسانیت مرتے دم تک قائم رہی، منٹو کا گل گوتھنا سا بچہ اچھا خاصا کھیلتا مالتا ذراسی بیماری میں چٹ پٹ ہو گیا۔ مجھے معلوم ہوا تو میں بھی اس کے گھر پہونچا، احتیاطاً سو روپے ساتھ لیتا گیا کہ شاید منٹو

کو روپے کی ضرورت ہو۔ صفیہ کا روتے روتے بُرا حال ہو گیا تھا۔ موتا کا گھر تھا، اس لئے میری بیوی کھانا لے کر پہونچیں۔ انہوں نے صفیہ کو سنبھالا۔ منٹو کی آنکھوں میں پہلی اور آخری بار میں نے آنسو دیکھے۔ بچہ دفنایا جا چکا تھا۔ میں نے منٹو کو رسمی دلاسا دیا اور چپکے سے روپے ان کی طرف بڑھا دیئے۔ منٹو نے روپے نہیں لئے۔ مگر تھوڑی دیر کے لئے وہ اپنا غم بھول گیا اور حیرت سے میرا منہ تکتا رہا، بعد میں اس واقعہ کا تذکرہ اس نے اکثر احباب سے کیا، اور متعجب ہوتا رہا کہ بے مانگے کوئی روپے کسی کو کیسے دے سکتا ہے۔

منٹوؔ کو شراب پینے کی لت خدا جانے کب سے تھی۔ جب تک وہ دلّی رہے ان کی شراب بڑھنے نہیں پائی تھی۔ بمبئی جانے کے بعد انہوں نے پیسہ بھی خوب کمایا اور شراب بھی خوب پی۔ جب پاکستان بنا تو وہ لاہور آ گئے۔ یہاں فلموں کا کام نہیں تھا۔ اس لئے انہیں قلم کا سہارا لینا پڑا۔ ہمارے ادب جیسی بنجر زمین سے روزی پیدا کرنا منٹوؔ ہی کا کام تھا۔ صحت پہلے کون سی اچھی تھی۔ رہی سہی شراب نے غارت کر دی۔ کئی دفعہ مرتے مرتے بچے۔ روٹی ملے یا نہ ملے بیس روپے روز انہیں شراب کے لئے ملنے چاہیے۔ اس کے لیے انھوں نے اچھا بُرا کچھ لکھ کر روزانہ دو ایک افسانے لکھنا ان کا معمول ہو گیا تھا۔ انہیں لے کر وہ کسی ناشر کے پاس پہونچ جاتے۔

ناشروں نے پہلے ضرورت سے انہیں خریدا۔ پھر بے ضرورت۔ پھر اُترانے اور منہ چھپانے لگے۔ دور سے دیکھتے کہ منٹو آ رہا ہے تو دکان سے ٹل جاتے منٹو کی اب بالکل وہی حالت ہو گئی تھی جو آخر میں اختر شیرانی اور میراجی کی۔ بے تکلف لوگوں کی جیب میں ہاتھ ڈال دیتے اور جو کچھ جیب میں ہوتا نکال لیتے۔ اس میں سے گھر کچھ نہیں پہونچتا تھا۔ شراب سے بچانے کی بہت کوشش کی گئی۔ خود منٹو نے اس سے بچنے کے لئے اپنے آپ کو پاگل خانے میں داخل کرا لیا۔ منہ سے یہ کافر لگی تو چھوٹ بھی گئی تھی مگر اللہ بھلا کرے

دوستوں کا ایک دن پھر پلا لائے۔ نتیجہ یہ کہ رات کو خون کی قے ہوئی۔ ہسپتال پہونچایا گیا۔ مہینوں پڑے رہے اور جینے کا ایک موقع اور مل گیا۔

اگست 1954ء میں کئی سال بعد لاہور گیا تھا۔ لاہور کے ادیب، شاعر، اڈیٹر اور پبلشر ایک بڑی پارٹی میں جمع تھے کہ غیر متوقع طور پر منٹو وہاں آ گئے، اور سیدھے میرے پاس چلے آئے۔ ان کی حالت غیر تھی۔ میں نے کہا۔ "آپ تو بہت بیمار ہیں۔ آپ کیوں آئے؟ میں یہاں سے اٹھ کر خود آپ کے پاس آنے والا تھا۔"

بولے "ہاں بیمار تو ہوں، مگر جب یہ سنا کہ آپ یہاں آرہے ہیں تو جی نہ مانا۔"

اتنے میں ایک شامت کا مارا پبلشر ادھر آنکلا۔ منٹو نے آواز دی "اوے اِدھر آ۔" وہ رکتا جھجکتا آگیا۔ "کیا ہے تیری جیب میں؟ نکال۔" اس نے جیب میں سے پانچ روپے نکال کر پیش کئے۔ مگر منٹو پانچ روپے کب قبول کرنے والے تھے۔

"حرام زادے دس روپے تو دے۔"

یہ کہہ کر اس کی اندر کی جیب میں ہاتھ ڈال دیا، اور دس روپے کا نوٹ نکال کر پھر مجھ سے باتیں کرنے لگے۔ گویا کچھ ہوا ہی نہیں۔ پبلشر نے بھی سوچا سستے میں چھوٹے، وہاں سے رفو چکر ہو گیا۔ منٹو پندرہ بیس منٹ تک بیٹھے، باتیں کرتے رہے مگر ان کی بے چینی بڑھ گئی اور عذر کر کے رخصت ہو گئے۔ مجھ سے ہمیشہ کے لئے رخصت ہو گئے۔

پانچ مہینے بعد اخباروں سے معلوم ہوا کہ منٹو اس دنیا سے رخصت ہو گئے۔ انہوں نے پھر چپکے سے شراب پی لی تھی، خون ڈالتے ڈالتے مر گئے۔ ہمیں تو منٹو کی عظمت کا اعتراف ہے ہی، خود منٹو کو بھی اس کا احساس تھا، چنانچہ جو کتبہ انہوں نے اپنی لوح مزار کے لئے خود لکھا تھا اس میں اس حقیقت کی طرف اشارہ کیا ہے۔

"یہاں سعادت حسن منٹو دفن ہے۔اس کے سینے میں فن افسانہ نگاری کے سارے اسرار ورموز دفن ہیں۔وہ اب بھی منوں مٹی کے نیچے سوچ رہا ہے کہ وہ بڑا افسانہ نگار ہے یا خدا؟"

***

کرشن چندر

مظہر امام

کرشن چندر!

زباں پہ بارِ خدایا۔۔۔ کہ اس نام کے آتے ہی میری نطق نے میری زبان کے بوسے لیے، لیکن کبھی آپ نے سوچا ہے کہ کرشن چندر کی تحریر کا ہر جملہ، ہر فقرہ، ہر لفظ ہم سے بوسے کا طالب ہوتا ہے۔ کرشن چندر جو زبان کا شاعر اور بیان کا ساحر تھا۔ جب ہمارے یہاں جدیدیت کا غلغہ بلند ہوا تو اِس بات کی ضرورت محسوس ہوئی کہ پیش رَو ترقی پسند ادبی تحریک کو مطعون اور اس کے علم برداروں کو رد کیا جائے۔ اس تحریک سے وابستہ سب سے ہر دل عزیز یا کم از کم زیر بحث نام کرشن چندر کا تھا، لہٰذا انہیں ادیب کے زُمرے سے ہی خارج کر دیا گیا اور وہ "non-writer" کہلائے۔ ان دنوں یہ بات بہت پھیلائی گئی کہ جب کرشن چندر کے ادبی انحطاط پر بلراج مین را نے مہندر ناتھ کے سامنے تنقید کی تو موٴخر الذکر نے اوّل الذکر کو زدو کوب کیا۔

ایک زمانہ تھا جب یہی "non-writer" اردو افسانے کا بے تاج بادشاہ تھا، اور اس کے تمام ہم عصروں کی کور اس سے دبتی تھی۔ سب اس سے حسد کرتے تھے، اس کے مقابل آنا چاہتے تھے۔ کچھ اس کے قریب کی صف میں جگہ پا کر مطمئن تھے۔ اردو افسانے کے عناصر اربعہ بالترتیب کرشن چندر، بیدی، منٹو اور عصمت قرار دیے گئے

تھے۔ ایک بار منٹو کو احمد ندیم قاسمی کا (جو ان دنوں "ادب لطیف" کے اڈیٹر بھی تھے) ایک تعریفی خط موصول ہوا جس میں لکھا تھا کہ آپ افسانہ نگاری کے "بادشاہ" ہیں۔ منٹو نے یہ خط فخر سے کرشن چندر کو دکھایا۔ اتفاق سے کرشن چندر کے پاس بھی احمد ندیم قاسمی کا ایک خط انہیں دنوں ملا تھا، جسے انہوں نے بے نیازی سے ایک طرف ڈال دیا تھا۔ منٹو نے فخر کا اظہار کیا تو کرشن چندر نے انہیں وہ خط دکھادیا جس میں لکھا تھا کہ آپ افسانہ نگاری کے "شہنشاہ" ہیں۔

شروع سے ہی کرشن چندر کا قد دوسرے افسانہ نگاروں سے نکلتا ہوا محسوس ہوتا تھا۔ ۱۹۴۱-۴۲ء تک ان کا طوطی بولنے لگا تھا۔ راشد نے ۴۱ء میں اپنے مجموعہ کلام "ماورا" پر ان سے دیباچہ لکھوایا۔ سہیل عظیم آبادی نے "الاؤ" پر ۴۲ء میں۔ ۴۲-۴۳ء سے ۵۰-۵۱ء تک، جب میرا شوق مطالعہ عروج پر تھا، کرشن چندر کی ہر تحریر میری آنکھوں کا سرمہ تھی۔ ان کے افسانوں کے مجموعے "طلسم خیال"، "نظارے"، "زندگی کے موڑ پر"، "اَن داتا"، "نغمے کی موت"، "پرانے خدا"، انشائیوں یا مزاحیہ طنزیہ مضامین کے مجموعے "ہوائی قلعے" اور "گھونگھٹ میں گوری جلے"، ڈراموں کا مجموعہ "دروازہ" ان کے مرتب کئے ہوئے مجموعے "نئے زاویے" کی دونوں جلدیں، اور اپندر ناتھ اشک کے منتخب افسانوں کا مجموعہ "نفس"۔ میرا خیال ہے کہ سب ۴۵ء کے اوائل تک چھپ چکے تھے۔ میں نے یہ تمام کتابیں نہ صرف پڑھیں بلکہ انہیں حرز جاں بنایا۔

کرشن چندر ۱۹۳۹ء میں آل انڈیا ریڈیو سے وابستہ ہوئے، ۴۰ء میں لاہور سے دہلی آگئے، وہاں ان کے رفیقوں میں راشد، منٹو، اشک، میراجی وغیرہ تھے۔ میں جب ۵۸ء میں آل انڈیا ریڈیو میں آیا تو مجھے سب سے بڑی خوشی اس بات کی تھی کہ اس ادارے سے پطرس، کرشن چندر اور یہ دوسرے بڑے ادیب وابستہ رہ چکے ہیں۔

کرشن چندر ۱۹۴۲ء میں شالیمار پکچرز پونا کے مالک ڈبلو۔ زیڈ۔ احمد کی دعوت پر ریڈیو سے فلمی دنیا میں آ گئے اور اس ادارے سے بحیثیت مکالمہ نگار وابستہ ہو گئے۔ یہیں جوش بھی تھے، ساغر نظامی بھی۔ پھر نئے شاعروں اور ادیبوں میں اختر الایمان اور راما نند ساگر بھی وہیں آ گئے۔ ایک مسعود پرویز تھے جن کی نظمیں ان دنوں "ادب لطیف" وغیرہ میں چھپا کرتی تھیں، لیکن وہ شالیمار کی فلموں میں ہیرو بن کر آئے۔ اس ادارے کی خاص ہیروئن "پراسرار نینا" کہلاتی تھیں۔ ان کا اصل نام شاہدہ تھا۔ علی گڑھ سے تعلق تھا۔ ان کے شوہر محسن عبداللہ تھے جو بمبئی ٹاکیز میں "کہانی اور مکالمہ نویسی کے شعبے" سے وابستہ تھے۔ وہ علی گڑھ کی مشہور روشن خیال شخصیت شیخ عبداللہ کے صاحبزادے اور ڈاکٹر رشید جہاں کے چھوٹے بھائی تھے۔ ان کی ایک بہن خورشید جہاں فلموں میں رینوکا دیوی کے نام سے کام کرتی تھیں۔ ان کی دوسری فلم بمبئی ٹاکیز کی "نیا سنسار" تھی۔ اتفاق سے بحیثیت فلمی کہانی کار یہ خواجہ احمد عباس کی پہلی فلم تھی، جس کے لیے انہیں ساڑھے سات سو روپے ملے تھے۔ رینوکا دیوی نے شالیمار کی فلم "غلامی" میں بھی کام کیا تھا۔ ان کے مقابل مسعود پرویز ہیرو تھے۔ "پراسرار نینا" محسن عبداللہ سے علیحدہ ہو گئی اور انہوں نے ڈبلو۔ زیڈ۔ احمد سے شادی کر لی، جو شالیمار کا دیوالہ کر کے اپنی نئی بیوی کے ساتھ پاکستان چلے گئے۔ رینوکا دیوی شادی کے بعد پاکستان ٹیلی ویژن کے ڈراموں میں بیگم خورشید مرزا کے نام سے کام کرتی رہیں۔ گزشتہ دنوں ان کا انتقال ہو گیا۔

کرشن چندر کے بارے میں ان دنوں بھی میرا خیال یہی تھا کہ وہ فلموں میں کامیاب نہیں ہیں۔ "من کی جیت" اور "غلامی" کے مکالموں سے مجھے مایوسی ہوئی تھی۔ شالیمار کے حالات خراب ہوئے تو کرشن چندر بمبئی چلے آئے، اور پھر خود بھی فلم سازی کی طرف مائل ہوئے اور دو فلمیں "سرائے کے باہر" اور "دل کی آواز" بنائیں۔ دونوں ناکام

ہوئیں۔ تیسری فلم "راکھ" آدھی بن پائی تھی کہ فلم کمپنی ہی ٹوٹ گئی۔ اپنی ریڈیو کی ملازمت کے زمانے میں انہوں نے "سرائے کے باہر" نام کا ڈرامہ لکھا اور پیش کیا تھا جو ریڈیو کے سامعین میں غیر معمولی طور پر مقبول ہوا تھا۔ یہ ڈرامہ ان کے مجموعے "دروازہ" میں شامل ہے۔ فلم کی ضرورت کے پیش نظر اس میں بہت کچھ اضافہ کرنا پڑا۔ پھر وہ شاید بھول گئے کہ ریڈیو اور فلم دو الگ الگ میڈیم ہیں اور ان دونوں کے مطالبات مختلف ہیں۔ ریڈیو آواز کا میڈیم ہے، اس لیے مکالموں کی صناعانہ اور شاعرانہ زبان سننے والوں کو اچھی لگ سکتی ہے، لیکن فلم میں آواز کے علاوہ حرکات و سکنات اور کرداروں کے عمل کی بھی اہمیت ہے۔ یہاں طول طویل پُر تصنّع مکالمے کام نہیں آتے۔ فلم بُری طرح فلاپ ہوئی۔ میں نے انہیں دنوں اس پر ایک طویل سخت تبصرہ کیا تھا، جو میرے مضامین کے مجموعے "آتی جاتی لہریں" میں بھی شامل ہے۔ "سرائے کے باہر" کی ناکامی کا ایک سبب اس کی ہیروئن رادھیکا بھی تھی، جس کا اصل نام ثمینہ تھا۔ وہ شالیمار میں اداکارہ کی حیثیت سے قسمت آزمانے آئی تھی۔ کرشن چندر سے قربت پیدا ہوئی اور انہوں نے اسے ہیروئن بنانے کا وعدہ کرلیا۔ ثمینہ سے اپنے اور کرشن چندر کے تعلقات پر رامانند ساگر نے ایک افسانہ "میرا ہمدم، میرا دوست" کے نام سے اپریل ۴۶ء کے "ساقی" میں لکھا تھا۔ اس افسانے کے کرداروں کو پہچاننا ان کے لیے زیادہ مشکل نہیں جو شالیمار پکچرز سے وابستہ افراد سے تھوڑی واقفیت بھی رکھتے ہوں۔ کرشن چندر کو کرن چندر کے روپ میں کون نہ پہچانے گا؟ اپنا نام البتہ انہوں نے اچھا خاصہ بدل دیا تھا۔ یعنی راجن۔ کئی نام اپنی اصل صورت میں تھے، مثلاً: شیام، اختر (اختر الایمان)، پرویز (مسعود پرویز)، ویاس (بھرت ویاس)۔ ایک جگہ کا ذکر کرتے ہوئے کہا گیا تھا کہ یہاں ہندوستان کا عظیم شاعر ہوش نصیح آبادی رہتا ہے، یعنی جوش ملیح آبادی۔

رامانند ساگر کا یہ افسانہ اس "حمام" کی تصویر پیش کرتا ہے جس میں سب ایک جیسے تھے۔ مصنف خود بھی۔ اس افسانے سے یہ پتہ چلتا ہے کہ ثمینہ رامانند ساگر کی طرف راغب تھی، مگر کامیابی ان کے ظاہری دوست اور باطنی رقیب کرشن چندر کے حصے میں آئی۔ چند لفظوں میں کرشن چندر کے کردار کے پہلو کو اس طرح پیش کیا گیا ہے۔ ظاہر ہے کہ مصنف نے اپنے جذبۂ رشک وحسد کی عینک لگا کر یہ تصویر بنائی ہے:

"ایک پختہ ریاکار کی طرح اس میں غرور کی بو تک نہ تھی، اور ہر ایک سے ہمدردی تو گویا اس کا شیوہ تھا، حتی کہ وہ ہر ایک کا رازدار تھا، ہر ایک کا ہمدم، ہر ایک کا دوست۔"

اس افسانے سے یہ بھی معلوم ہوتا ہے کہ افسانہ نگار کا قیام کرشن چندر کے یہاں تھا۔ کرشن کی بیوی افسانہ نگار کو پسند نہ کرتی تھی۔ یہ بات تو خیر اب ہر ایک کو معلوم ہے کہ کرشن چندر اپنی بیوی سے ہمیشہ نا مطمئن اور نا آسودہ رہے۔ ان کی صورت اور مزاج دونوں کی وجہ سے۔ اس کی تصدیق افسانے کے ان جملوں سے ہوتی ہے، اور ان سے کرشن چندر کی قوت برداشت کا بھی اندازہ ہوتا ہے:

"بیوی اس کی زندگی کا وہ ناسور تھا، جو کسی بھی عمل جراحی سے کاٹا نہ جا سکتا تھا۔ بااین ہمہ اسی کم ظرف بیوی کی خاطر اس نے اپنی محبوبہ کو اس وقت جب کہ وہ اس کی خاطر اپنے خاوند کو طلاق دے کر دہلی سے کولہاپور تک آگئی تھی، اپنے نوکر کے ہاتھ یہ جواب لکھ بھیجا تھا 'میں نے کیچڑ ہی میں رہنے کا فیصلہ کر لیا ہے'۔"

کرشن چندر، ثمینہ کے بارے میں (جس سے ان کے گہرے مراسم قائم ہوئے اور جو ان کی فلم کی ہیروئن بنی) جو رائے رکھتے تھے، یا رامانند ساگر کو اس سے بدگمان کرنے کے لیے جس رائے کا اظہار کرتے تھے، اسے زیر گفتگو افسانے میں کرشن چندر کی زبان سے یوں ادا کیا گیا ہے:

"یہ لڑکی جس کی معصومیت پر تم فدا ہو رہے ہو، اس سے پہلے جانے کتنوں پر ہاتھ صاف کر چکی ہے۔ اب بھی گھومنے پھرنے کے لیے ایک نواب صاحب کی موٹر کار اس کی سواری میں رہتی ہے۔ اس کا چہرہ خوبصورت نہ سہی، لیکن طفلانہ معصومیت کا ایک ایسا پَر تو اس پر مَوجود ہے کہ تم جیسے کئی نوجوان عشق کے جھانسے میں زندگی تباہ کر چکے ہیں۔"

رامانند ساگر کے افسانے میں ثمینہ کا نام امینہ ہے۔

فروری ۱۹۴۹ء میں ریلوے اسٹرائک کے خطرے کے پیش نظر مجھے گرفتار کر لیا گیا۔ میرے ساتھ منظر شہاب بھی گرفتار ہوئے تھے۔ ہم لوگوں نے ایک ترقی پسند رسالے "نئی کرن" کا اجرا کیا تھا۔ اس کے پرچے بھی پولیس اٹھا کر لے گئی تھی۔ انہیں دنوں کچھ اور ادیبوں اور شاعروں کی گرفتاری بھی عمل میں آئی تھی، مثلاً خلیل الرحمن اعظمی کی۔ سردار جعفری شاید پہلے ہی سے جیل میں تھے۔ بمبئی میں ان گرفتاریوں کے خلاف احتجاج کرنے کے لیے ایک بڑا جلسہ منعقد ہوا، جس کی صدارت کرشن چندر نے کی۔ ملک راج آنند، ساغؔر نظامی وغیرہ نے بھی تقریریں کی تھیں۔ کرشن چندر نے اپنے خطبہ صدارت میں گرفتار شدگان کا نام لیتے ہوئے "بہار کے لیکھک ایم۔ امام" کا نام بھی لیا تھا۔ اس وقت تک ایم۔ امام کے نام سے میری کچھ چیزیں چھپتی ضرور تھیں، لیکن کسی اہم رسالے میں نہیں۔ "نئی کرن" کے ادارہ میں بھی یہی نام تھا۔ اس وقت کے سب سے بڑے ادیب نے مجھ جیسے نوعمر لکھنے والے کا نام اپنے ایک مضمون میں لیا، اس سے بڑھ کر افتخار کی بات میرے لیے اور کیا ہو سکتی تھی۔

کرشن چندر کو میں نے "نئی کرن" کا پہلا شمارہ بھجوایا تو تھا، مگر احساس شرمندگی کے ساتھ، کیوں کہ اس شمارے کا معیار حسب خواہ نہ تھا۔ دوسرے اس میں ان کی فلم "سرائے کے باہر" پر میرا ایک سخت جارحانہ تبصرہ بھی شامل تھا۔ کرشن چندر کی جانب

سے کوئی رسید نہیں آئی تو میں نے انہیں یاد دہانی کا خط لکھا۔ انہوں نے اپنی مصروفیات کی تفصیل بتاتے ہوئے معذرت خواہانہ لہجہ اختیار کیا:

"یہ سطریں بھی محض اس خیال سے لکھ رہا ہوں کہ کہیں آپ میری خاموشی کا غلط مفہوم نہ نکال لیں۔"

"نئی کرن" کا دوسرا شمارہ میرے نزدیک بڑی حد تک اطمینان بخش تھا۔ اس کا اداریہ بھی بالواسطہ بھیمڑی کانفرنس کے منشور کی ہمنوائی کر رہا تھا۔ میں نے کرشن چندر کو "پیارے ساتھی" سے مخاطب کرتے ہوئے ان سے افسانے کی درخواست کی۔ ان دنوں اشتراکیت اور ترقی پسندی سے وابستہ ہم لوگ ایک دوسرے کو "کامریڈ" کہہ کر مخاطب کرتے تھے۔ آج کچھ عجیب سا احساس ہوتا ہے کہ میں نے کرشن چندر جیسے بڑے ادیب کو بھی اسی طرح مخاطب کرنے کی جرأت کی تھی۔ شاید انتقاماً ہی کرشن چندر نے بھی مجھے خط میں "پیارے ساتھی" سے مخاطب کیا اور یہ لکھا کہ پرچہ ابھی مجھے نہیں ملا، لیکن یقین ہے کہ آپ لوگوں نے محنت کی ہوگی۔ اس خط کے ساتھ انہوں نے اپنا ایک مضمون بہ عنوان "ایک امریکی ناول" بھیجا تھا، جو دراصل ہاورڈ فاسٹ کے مشہور ناول Road to Freedom کے اردو ترجمے کا دیباچہ تھا۔ یہ ترجمہ احسن علی خاں نے کیا تھا۔ اس دوران کرشن چندر کو "نئی کرن" کا دوسرا شمارہ مل گیا۔ مجھے یقین تھا کہ انہیں میری انتہا پسندی پسند آئے گی، کیوں کہ ان دنوں ترقی پسندی اسی راستے پر گامزن تھی، لیکن انہوں نے مجھے لکھا:

"ہمیں محدود دائرے سے نکل کر کھلی فضا میں سانس لینا چاہئے، تاکہ ہم صحت مند رہیں اور زیادہ دنوں جی سکیں۔"

یہ میرے لیے ایک تازیانہ تھا۔

میں ستمبر ۵۱ء کے اواخر میں کلکتہ آگیا، اور وہاں سات سال سے زیادہ میرا قیام رہا۔ اس دوران کرشن چندر دوبار کلکتے آئے۔ اس سے پہلے بھی وہ دومرتبہ کلکتے آچکے تھے۔ اپنے کالج کی تعلیم کے ابتدائی دنوں میں وہ دہشت گردوں کی ایک جماعت میں داخل ہوگئے تھے۔ انہیں دنوں ان کی ملاقات بھگت سنگھ سے ہوئی۔ خطرہ بڑھا تو چند ماہ کے لیے کلکتہ بھاگ گئے۔ دوسری بار وہ ۳۸ء میں انجمن ترقی پسند مصنفین کی دوسری کل ہند کانفرنس میں پنجاب کے ترقی پسند مصنفین کے مندوب کی حیثیت سے شرکت کے لیے کلکتہ گئے تھے، اسی کانفرنس میں سجاد ظہیر اپنی نو بیاہتا بیوی رضیہ سجاد ظہیر کے ساتھ شریک ہوئے تھے اور اس مرتبہ ان کی جگہ ڈاکٹر عبدالعلیم کو انجمن کا سکریٹری منتخب کیا گیا تھا۔

کرشن چند تیسری بار اپریل ۵۲ء میں کل ہند امن کانفرنس میں شرکت کے لیے کلکتہ تشریف لائے اور انہوں نے مجلس صدارت کے ایک رُکن کی حیثیت سے انگریزی میں ایک خطبہ بھی پڑھا۔ کرشن چندر انگریزی کے ایم۔اے تھے۔ شروع شروع میں وہ انگریزی میں بھی مضامین لکھا کرتے تھے۔ انہوں نے انگریزی کے دو تین جرائد کی ادارت بھی کی تھی۔ پھر وہ اردو کے ہو کر رہ گئے، لیکن کبھی کبھی ذائقہ بدلنے کے لیے انگریزی میں بھی لکھتے رہتے۔ جن دنوں ادب کے علاوہ فلموں سے بھی میری دلچسپی عروج پر تھی، کرشن چندر کے مضامین اور خود ان کے کیے ہوئے اپنے افسانوں کے ترجمے عموماً ماہ نامہ "ساونڈ" میں نظر آتے۔ اس کے اڈیٹر ظہیر بابر قریشی تھے، جو ZABAK کے نام سے مشہور تھے۔ "ساونڈ" کی ہر دلعزیزی کا زمانہ ۴۳ء اور ۴۷ء کے درمیان ہے۔ اس کے خاص مضمون نگار خواجہ احمد عباس بھی تھے۔ کرشن چندر کی انگریزی عبارت میں سادگی اور صفائی کے ساتھ شاعرانہ چاشنی بھی شامل تھی۔

۵۲ء کی کل ہند امن کانفرنس ایک تاریخی کانفرنس تھی، اور ہر چند کلکتہ جلسوں اور جلوسوں کا شہر ہے، لیکن اس کانفرنس کی نوعیت اپنی ایک منفرد اور جداگانہ شان رکھتی تھی۔ کئی نامور شخصیتوں نے اس کانفرنس کو کامیاب بنانے میں براہ راست حصہ لیا۔ ڈاکٹر سیف الدین کچلو، ملک راج آنند، ہیرن مکرجی، گوپال ہلدار، کرشن چندر، مجازؔ، سردار جعفری، پرویزؔ شاہدی، مخدومؔ محی الدین، مجروحؔ سلطان پوری، کیفیؔ اعظمی، نیازؔ حیدر، وامقؔ جونپوری، اشک امرتسری، خواجہ احمد عباس، انور عظیم، پرکاش پنڈت، رضیہ سجاد ظہیر، سید عبدالمالک، پرتھوی راج کپور، سلیل چودھری، سریندر کور، اچلا سچدیو، امر شیخ، رام کمار اور بہت سے ادیب، شاعر، دانشور، فن کار۔

اس کانفرنس کی بہت سی باتیں ذہن سے محو نہیں ہوتیں۔ کسی سب کمیٹی کے اجلاس میں اسرارالحق مجازؔ نے بھی انگیریزی میں ایک تقریر کی۔ ان دنوں ان پر جنون کا حملہ تھا۔ نہ جانے انھوں نے کیا کچھ کہا۔ وہ اپنی تقریر ختم کرنے کے بعد باہر آئے تو میں نے ان سے کہا:

"مجازؔ صاحب! سنا ہے آپ نے بڑی ولولہ انگیز تقریر کی۔"

مجازؔ نے تعجب کا اظہار کرتے ہوئے پوچھا: "آپ نے نہیں سُنی؟"

"معاف کیجیے میں ذرا دیر سے پہنچا۔"

"Then I must commit suicide!"

(تب تو مجھے خودکشی کرلینی چاہیے!)

مجازؔ کی طبعی حسِ ظرافت جاگی ہوئی تھی۔ انھیں پتہ نہیں تھا کہ انھوں نے قسطوں میں کب سے "خودکشی" کر رکھی ہے۔

اسی وقت سردار جعفری بھی آگئے اور چٹخارے لے لے کر مجازؔ کی تعریف کرنے

لگے: "تم نے بڑی کھری باتیں کہیں، سچ ہے۔ اللہ کے بندوں کو آتی نہیں رُوباہی!"

مجازؔ کی رگِ ظرافت پھر پھڑکی: "روباہی تخلّص ہے کیا؟"

سردارؔ جعفری نے اس وار کی چوٹ محسوس کی اور مسکراتے ہوئے وہاں سے چل دیے مجازؔ نے پیچھے سے داغا: "آداب عرض ہے!"

اس کانفرنس کے ساتھ ہی ایک آل انڈیا مشاعرہ بھی منعقد ہوا تھا۔ کلکتہ کی تاریخ میں شاید اتنا شاندار مشاعرہ کبھی نہیں ہوا۔ لگ بھگ بیس پچیس ہزار سامعین تھے۔ کرشن چندر نے صدارت کی تھی۔ فیضؔ اور سجادؔ ظہیر پاکستان کی جیلوں میں بند تھے۔ اس مشاعرے میں فیضؔ کی غزل مجروحؔ نے اور سجادؔ ظہیر کی وامقؔ نے اپنے اپنے مخصوص ترنم میں سنائی تھی۔ اس مشاعرے کے کامیاب ترین شعرا کیفیؔ اعظمی، پرویزؔ شاہدی اور نیاز حیدر تھے۔ اسی مشاعرہ کا واقعہ ہے کہ جب مجازؔ مائک پر آئے تو انہوں نے اپنا کلام سنانے سے پہلے کہا: "میرے دوست کرشن چندر نے فرمائش کی ہے کہ میں PEACE پر کوئی نظم پڑھوں، تو میں اپنا کلام CUT-PIECE (کٹ پیس) میں سنارہا ہوں۔" اور اس کے بعد انھوں نے کچھ متفرق اشعار اور قطعات سنائے جن میں سے ایک یہ تھا:

نطق رُسوا، دہن دریدہ ہے
یہ شنیدہ نہیں ہے، دیدہ ہے
رندِ برباد کو نصیحت ہے
شیخ کی شان میں قصیدہ ہے

ان دنوں مجازؔ، شاعرِ انقلاب جوشؔ ملیح آبادی سے بہت برہم نظر آتے تھے۔ کچھ ہی دنوں پہلے جوشؔ نے ایک طویل نظم مجازؔ کی نصیحت میں لکھی تھی اور کم و بیش ان ہی دنوں ان کی ایک نظم شیخ محمد عبداللہ وزیر اعظم جموں کشمیر کی ستایش میں شائع ہوئی تھی۔ مجازؔ

نے اپنا یہ شعر بھی پڑھا تھا:

سینۂ انقلاب چھلنی ہے

شاعرِ انقلاب کیا جانے!

اس مشاعرہ کا ایک المیہ پہلو یہ ہے کہ جب مجازؔ نے اپنی معرکہ آرا نظم "اب مرے پاس تم آئی ہو تو کیا آئی ہو" پڑھنی شروع کی تو مجمع نے، جو انقلابی اور ہنگامہ خیز نظمیں سننے کا مشتاق تھا، بے طرح شور مچایا اور مجازؔ تین بند پڑھ کر بیٹھ گئے۔ مجھے یاد ہے جب وہ اس مصرعے پر پہنچے تھے۔ع شہر یاروں سے رقابت کا جنوں طاری تھا، تو انھوں نے بطورِ وضاحت بڑی نفرت، حقارت اور غصے سے کہا تھا: "Those I.C.S. Bureaucrats!"

سردار جعفری نے، جو مشاعرہ کے اسٹیج سکریٹری کے فرائض انجام دے رہے تھے، معاملہ پر قابو پانے کی کوشش کی اور سامعین سے کہا کہ یہ نظم گزشتہ پچیس سال میں لکھی ہوئی بہترین نظموں میں سے ایک ہے، آپ اسے غور سے سنیں، مگر مجازؔ دوبارہ پڑھنے پر رضامند نہ ہوئے۔ مجروحؔ نے مائک پر آکر غیر سنجیدہ لہجے میں مجازؔ سے درخواست کی کہ وہ اپنی کوئی غزل سنا دیں، لیکن مجازؔ جو تن کر بیٹھے تھے، تنے رہے۔ ان کی شاعرانہ خودداری نے انھیں دوبارہ مائک پر آنے سے باز رکھا۔

مجھے آٹو گراف حاصل کرنے کا کوئی شوق نہیں۔ لیکن میرے ایک دوست سید منسوب حسن نے مجھے آگے بڑھا دیا تو مجھے ان کی آٹو گراف بک میں کچھ دستخط لینے پڑے۔ سیف الدین کچلو کے پاس حاضر ہوا تو انہوں نے ایک بار میرے لمبے قد کا جائزہ لیا اور دستخط کرنے سے پہلے میری طرف دیکھ کر شفقت سے کہا: "you tall boy!" کرشن چندر کے پاس گیا تو انھوں نے دریافت کیا: "انگریزی میں یا اردو میں؟" میں نے کہا:

"اردو میں"۔ انہوں نے اردو میں دستخط کر دیے تو میں نے دوسرا صفحہ بڑھا دیا: "اس پر انگریزی میں"۔ وہ مسکرائے اور خاموشی سے فرمائش کی تعمیل کر دی۔

مارچ ۵۳ء میں دہلی میں ایک بار پھر کرشن چندر سے ملاقات ہوگئی، جب میں کل ہند انجمن ترقی پسند مصنفین کی چھٹی کانفرنس میں کلکتہ کی انجمن کے ایک مندوب کی حیثیت سے شریک ہوا۔ یہ ترقی پسند ادبی تحریک کا سخت بحرانی دور تھا اور اس کا اندازہ ان تقریروں سے ہو جاتا تھا جو اس کانفرنس میں ہوتی تھیں اور ان کا دفاع رام بلاس شرما، ڈاکٹر عبدالعلیم اور سردار جعفری کرتے رہتے تھے۔ کرشن چندر تقریر کے آدمی نہیں تھے۔ وہ بولتے تو جھجکتے ہوئے۔ انھوں نے تقریر کیا کی، افسانوی انداز میں کچھ باتیں کیں۔ رام بلاس شرما سکریٹری تھے اور ان کے خلاف محاذ آرائی تھی۔ اس لیے کرشن چندر کا نام پیش ہوا۔ ترقی پسندوں کے انتہا پسند حلقے سے وابستگی کی بنا پر کرشن چندر سے بھی ناپسندیدگی کا اظہار کیا جا رہا تھا۔ کلکتہ کی انجمن کے ہی ایک مندوب شری نرائن جھا نے کرشن چندر کے نام کی مخالفت کی تھی اور وجہ بھی بتانی چاہی تھی۔ لیکن یہ کہہ کر انہیں روک دیا گیا کہ آپ دوسرا نام پیش کیجیے۔ بہر حال، کرشن چندر سکریٹری چنے گئے۔

اس کانفرنس کے موقع کی کچھ باتیں یاد آ رہی ہیں۔ ساحر لدھیانوی، جنھیں فلمی دنیا سے وابستہ ہوئے زیادہ عرصہ نہیں گزرا تھا، بمبئی سے آئے تھے۔ ہم لوگ پاس کے ایک چائے خانے میں بیٹھے۔ ذکر فلمی دنیا کا آیا تو وہ اس زمانے کی بعض بڑی ہیروئینوں کا مذاق اڑانے لگے کہ ان سے ٹافی کے علاوہ اور کسی موضوع پر بات نہیں کی جا سکتی۔ پھر پرکاش پنڈت سے مخاطب ہو کر کہنے لگے: "بھئی مجاز کو انجکشن و کشن دلوا کر اس کی شادی کروا دو۔" (آج میں سوچتا ہوں کہ ساحرؔ نے خود انجکشن و کشن لے کر شادی کیوں نہ کی!) کانفرنس میں نیا مینی فسٹو پیش ہونا تھا۔ ساحرؔ کہنے لگے، بھئی بحث ہو گی، ڈرافٹ مینی فسٹو پڑھ

کر تیار کرنی چاہیے۔ ساحرؔ نے بحث میں کوئی حصہ نہیں لیا۔ حصہ کیا لیتے، وہ بحث کے دوران موجود ہی نہیں تھے۔ (شاید انہیں بھی اب "ٹافی" کے علاوہ کسی موضوع سے دلچسپی نہیں تھی)

اس کانفرنس میں گوپال متل شریک تو نہیں ہوئے لیکن وہ آس پاس گھومتے پھرتے یالان میں بیٹھے ہوئے دکھائی دیتے۔ یہ بات مشہور ہوگئی تھی کہ وہ امریکی امداد سے ترقی پسندوں کے خلاف ایک رسالہ نکالنے جارہے ہیں۔ میں نے یہی بات ان سے دریافت کی۔ ان کے چہرے پر ناگواری کے اثرات ظاہر ہوئے۔ کہنے لگے کہ جو بھی ترقی پسندوں کی آمریت کے خلاف کچھ بولتا یا لکھتا ہے، اسے امریکی ایجنٹ قرار دے دیا جاتا ہے۔ دوسرے مہینے "تحریک" کا پہلا شمارہ منظر عام پر آگیا۔ یہاں یہ بات بھی یاد آگئی کہ کانفرنس کے پہلے دن ہی اسٹالن کا انتقال ہوا تھا اور بعد کی کارروائی بڑے سوگوارانہ ماحول میں ہوئی تھی۔

۵۲ء کے بعد کرشن چندر ستمبر ۵۷ء میں کلکتہ آئے اور اس طرح آئے کہ چار چھ دن تک کلکتہ میں ان کی موجودگی کا کسی کو کانوں کان علم تک نہیں ہوا۔ وہ جنتا سنیما کے پاس میجسٹک ہوٹل کے کمرہ نمبر ۱۰۳ میں بند ہو کر روپ کے شوری کی ایک فلم کے لیے مکالمے اور منظرنامے لکھتے رہے۔ یہ فلم شاید کبھی مکمل نہ ہو پائی۔ کم لوگوں کو یاد ہوگا کہ روپ کے شوری کی مشہور فلم "ایک تھی لڑکی" کے مکالمے کرشن چندر نے ہی لکھے تھے اور اس فلم کی شہرت اور کامیابی میں میناؔ کی شوخی اور "لارالپّا" والے گانے کا ہی نہیں بلکہ کرشن چندر کے مکالموں کا بھی حصہ تھا۔

ان دنوں کلکتہ کے ادبی سراغرساں شہزاد منظر تھے۔ انھوں نے یہ مژدہ سنایا کہ کرشن چندر کلکتہ میں ہیں۔ مزید تفصیلات کا انھیں بھی علم نہ تھا۔ دوسرے دن یعنی

۲۸ ستمبر کو سہ پہر کے روزانہ "آبشار" میں یہ اطلاع شائع ہوئی کہ کرشن چندر کے اعزاز میں کلکتہ کے ادیبوں کی طرف سے چورنگی ریستوراں میں چار بجے ایک ٹی پارٹی کا اہتمام ہے۔ یہ کہنے کی ضرورت نہیں کہ ان ادیبوں میں نہ پرویز شاہدی شامل تھے، نہ ل۔ احمد اکبر آبادی۔ قریباً دو بجے ابراہیم ہوشؔ کا ایک رقعہ مجھے ملا، جس میں انہوں نے لکھا تھا کہ تم بھی اس پارٹی میں مدعو ہو، دفتر "آبشار" آجاؤ، ہم لوگ سالکؔ صاحب کے ساتھ وہاں چلیں گے۔ میں وہاں جانے کو تیار ہی ہو رہا تھا کہ شہزادؔ منظر اور اصغر راہیؔ آگئے اور بولے کے ہم لوگ ہوٹل جا رہے ہیں، آپ بھی چلیے۔ ٹی پارٹی میں بغیر دعوت کے میرے احباب کا شرکت کرنا مجھے کچھ مناسب معلوم نہیں ہوا۔ لیکن یہ احباب اتنے جوش میں تھے کہ مجھے اس جانب اشارہ کرنے کی ہمت نہیں ہوئی۔ صرف اس رقعہ کا ذکر کرتے ہوئے اتنا کہا کہ مجھے سالک صاحب اور ہوش صاحب کے ساتھ جانا ہے۔ دونوں احباب دل برداشتہ ہو کر نیم خفگی کے عالم میں چلے گئے۔ بعد میں اصغرؔ راہی نے اپنے دل کا بخار اس طرح نکالا کہ "مظہر امام صاحب، سالکؔ لکھنوی کے ساتھ موٹر میں جانا چاہتے تھے، اس لیے ہم لوگوں کے ساتھ نہیں آئے۔"

چورنگی ریستوراں میں سب جانے پہچانے چہرے تھے۔ اپنے دوست، ساتھی، بنگالی، ہندی اور اردو کے ادیب۔ یہ پارٹی ترقی پسندوں کی طرف سے تھی، لیکن مجھے یعنی انجمن ترقی پسند مصنفین کلکتہ کے سکریٹری کو اس کی واقفیت نہ تھی۔ قصہ یہ ہوا کہ ہمارے ایک دوست راجندر بھارتی کو، جو ہندی اور اردو کے اخباروں کے لیے اشتہارات فراہم کیا کرتے تھے اور لکھنے لکھانے کا شوق بھی رکھتے تھے، کرشن چندر کی آمد کا علم ہوا، اور انھوں نے دوڑ دھوپ کر کے انتہائی عجلت میں اِس نشست کا انتظام کیا۔ ظاہر ہے، بہت سے رفیقوں کو اطلاع نہ ہو سکی۔ اِس نشست کی صدارت ہیرن مکرجی نے کی۔

کرشن چندر نے خواہش ظاہر کی کہ انھیں کلکتہ میں بنگلہ، ہندی اور اردو ادب کی سرگرمیوں کے بارے میں بتایا جائے۔ ہیرن مکرجی اور گوپال ہلدار نے بنگالی ادب میں نئے رجحانات کی بابت تقریریں کیں۔ ہندی کی نمایندگی صوبائی کمیونسٹ پارٹی کے ہندی ہفتہ وار "سوادھینتا" کے اڈیٹر انوراگی نے کی۔ مجھے پہلے سے نہ تو اس جلسہ کا کوئی علم تھا اور نہ یہ خبر تھی کہ وہاں کلکتہ میں اردو ادب خصوصاً ترقی پسند ادبی تحریک کی رفتار کے بارے میں اظہار خیال کرنا ہوگا۔ اس لیے جب اردو کے بارے میں گفتگو کرنے کی بات آئی تو میں نے خاموش رہنا ہی مناسب سمجھا۔ یہ صحیح ہے کہ میں ان دنوں کلکتہ میں اردو اور ہندی کے ترقی پسند مصنفین کی مشترکہ انجمن کا سکریٹری تھا اور اس نشست کے صدر کی حیثیت سے ہیرن مکرجی اور دیگر رفیقوں نے مجھ ہی سے فرمائش کی تھی کہ میں اردو ادب کے بارے میں کچھ کہوں۔ لیکن میں اچانک اس تبصرے کے لیے تیار نہ تھا، اس لیے میں نے سالک لکھنوی کی طرف اشارہ کر دیا۔

کرشن چندر کے اعزاز میں دی ہوئی پارٹی نے کئی ہنگامے کھڑے کر دیے۔ پہلا ہنگامہ جس نے کلکتہ کی ساری صحافتی برداری کو بیدار کر دیا، سالک لکھنوی کی تقریر کے سلسلے میں تھا۔ ۲۹ ستمبر کو اس پارٹی کی روداد شایع کرتے ہوئے روزنامہ "عصر جدید" نے اس تقریر کو "غیر ذمہ دارانہ اور توہین آمیز" بتایا۔ دوسرے دن کے "عصر جدید" میں شہزاد منظر کا لکھا ہوا ایک طریل مراسلہ "کلکتہ کے ادیبوں اور شاعروں کی توہین" کے عنوان سے شائع ہوا۔ جس میں انھوں نے بڑے سخت لفظوں میں سالک لکھنوی کی تقریر پر تنقید کرتے ہوئے مجھ سے بھی برہمی کا اظہار کیا اور میری "خاموشی" کو "مصلحت اندیشی" سے تعبیر کیا۔ ان کے الفاظ میں:

"اردو ادب کے متعلق کچھ کہنے کا موقع آیا تو صدر اور حاضرین کی طرف سے مظہر

امام (موجودہ انجمن ترقی پسند مصنفین کلکتہ کے سکریٹری) سے تقاضہ کیے جانے کے باوجود مظہر امام نے اس سلسلہ میں نہ جانے کس مصلحت کی بنا پر معذوری ظاہر کی، حالانکہ اس وقت تک وہ انجمن کے سکریٹری تھے اور ان کا فرض تھا کہ وہ اس سلسلہ میں انجمن کی سرگرمیوں، اس سے متعلق ادیبوں اور شاعروں یا مجموعی طور سے کلکتہ کے ادبی ماحول کے متعلق کچھ کہتے۔ حالانکہ اس سلسلہ میں انہوں نے کلکتہ کے قابلِ ذکر شاعروں اور ادیبوں کی ایک فہرست بنائی تھی، لیکن پتہ نہیں کس بنا پر اور کس مصلحت سے انھوں نے خاموشی برتنے ہی میں بہتری سمجھی۔"

اسی دن "عصر جدید" کے مزاحیہ کالم میں انھیں باتوں کا اعادہ کیا گیا تھا اور اس کی ابتدا اس طرح ہوئی تھی:

"راویِ معتبر اس طرح روایت کرتا ہے کہ جب اردو کے مشہور ادیب اور سب سے بڑے افسانہ نگار کرشن چندر تشریف لائے تو ترقی پسند مصنفوں کی طرف سے ایک شاندار پارٹی دی گئی اور چونکہ سخت خطرہ اس بات کا تھا کہ کسی چور دروازے سے کوئی قدامت پسند یا تنزل پسند ادیب نہ گھس آئے، اس لیے ان تمام اخبارات کو اس کی اطلاع نہیں دی گئی، جن کے متعلق ذرا بھی قدامت پسندی کا شبہ تھا۔ اس طرح اس پارٹی میں صرف ترقی پسند جمع ہوسکے اور دوسرے خیال والے اِس خبر سے بھی محروم رہ گئے کہ کرشن چندر صاحب کلکتہ تشریف لائے ہیں۔"

سالک لکھنوی اور ابراہیم ہوشؔ سے کاروباری، صحافتی اور ادبی چشمک کے باعث دوسرے صحابیوں نے موقع کا فائدہ اٹھا۔ ان دنوں کلکتہ میں ترقی پسند نقطہ نظر رکھنے والے ادیبوں اور شاعروں کا حلقہ پرویزؔ شاہدی، ابراہیم ہوشؔ، سالکؔ لکھنوی اور مظہر امام سے منسوب کیا جاتا تھا۔ اخباروں نے کوشش کی کہ آپس میں غلط فہمیاں پیدا کی

جائیں اور کلکتہ کے واحد اہم ادبی حلقے کو ضرب پہنچائی جائے۔ یکم اکتوبر کو روزنامہ "امروز" نے ایک انتہائی رکیک اداریہ لکھا، جس کا عنوان تھا "ترقی پسندوں میں جنگ" اس اداریہ میں عنوان بتائے بغیر کرشن چند کے ایک افسانے "ایک ہزار چار سو بہتر لڑکیاں" کی طرف اشارہ کرتے ہوئے، کرشن چندر اور پرویزؔ شاہدی کو غلط رنگ میں پیش کرنے کی کوشش کی گئی اور سالک لکھنوی کو مجھ سے بد گمان کرنے کے لیے شعوری طور پر ذہنی پستی کا مظاہرہ کیا گیا۔ یہاں " نقل کفر " بھی مناسب نہیں۔

مراسلہ بازیوں کا سلسلہ کئی روز تک چلتا رہا۔

اسی سلسلے کے ایک دوسرے ہنگامے یا بحث کی روداد سنئے:

ہوا یہ کہ جب اسی چورنگی ریستوراں والی ٹی پارٹی میں کرشن چندر چائے نوش فرما چکے تو اِن سے بھی کچھ ارشاد فرمانے کی گزارش کی گئی۔ کرشن چندر نے یہ شوشہ چھوڑا کہ وہ کوئی باضابطہ تقریر کرنے کے بجائے سوالوں کے جواب دینا پسند کریں گے۔ اب میری شامت جو آئی تو میں نے انجمن ترقی پسند مصنفین کی تنظیمی بے حسی کے بارے میں سوال کر ڈالا۔ کرشن چندر ۵۳ء کے کل ہند انجمن ترقی پسند مصنفین کے جنرل سکریٹری تھے۔

تنظیمی بے حسی کی بابت میرے سوال کا جواب دیتے ہوئے کرشن چندر نے کہا کہ انجمن اپنا رول پورا کر چکی ہے اور موجودہ حالات میں اس کی ضرورت باقی نہیں رہ گئی ہے۔ انھوں نے کہا کہ ہمیں مارکسزم کے نظریہ کی بنیاد پر ایک ایسی انجمن بنانا چاہیے جو ملک کو سوشلزم کی منزل تک لے جانے میں مُمد ہو۔

میں نے پھر سوال کیا "اگر ایسا ہے تو انجمن کی موت کا اعلان کیوں نہیں کر دیا جاتا؟"

کرشن چندر نے مسکراتے ہوئے معصوم قطعیت کے ساتھ جواب دیا "موت کے

باضابطہ اعلان کی ضرورت نہیں ہوتی، موت آپ اپنا اعلان ہے۔"

یہاں پھر ایک بے تعلق سی لیکن دلچسپ بات یاد آرہی ہے۔ کسی نے کرشن چندر سے ایک طویل سوال کیا تھا، جس کے الفاظ اب یاد نہیں رہے۔ کچھ جدلیاتی مادیت وغیرہ کا ذکر تھا۔ کرشن چندر نے برجستگی سے کہا تھا: "بھئی، آپ جانتے ہیں، میں گدھا ہوں، بات ذرا دیر سے سمجھ میں آتی ہے۔ آپ اپنے سوال کا مفہوم مختصر لفظوں میں بیان کیجیے۔"

کرشن چندر کی خود گذشت بہ عنوان "ایک گدھے کی سرگذشت" کچھ عرصہ پہلے شائع ہوکر مقبولیت حاصل کرچکی تھی اور جیسا کہ خود انھوں نے بتایا تھا، لوگ ان کی طرف اشارہ کرکے کہا کرتے تھے: "وہ دیکھو، وہ گدھا جارہا ہے۔"

میرے سوال اور کرشن چندر کے جواب کا حوالہ دیتے ہوئے ماہنامہ "سہیل" گیا کی اکتوبر ۷۵ء کی اشاعت میں کلام حیدری نے "نئے حالات اور ہم" کے عنوان سے ایک مضمون لکھا، جس میں کرشن چندر کے بیان کی وضاحت طلب کی گئی اور ان سے دریافت کیا گیا کہ اب اگر وہ مارکسی بنیاد پر تنظیم چاہتے ہیں تو وہ کیسی ہوگی۔ ایک جگہ کلام حیدری نے لکھا تھا:

"انھوں نے (کرشن چندر نے) یہ نہیں کہا کہ انجمن چند افراد کی گروپ بندیوں کا شکار ہوگئی۔ انھوں نے یہ بھی نہیں کہا کہ انجمن نظریاتی انتہا پسندی (جو ہندوستان میں کمیونسٹ پارٹی کی انتہا پسندی کی ایک جھلک تھی) کی بھینٹ چڑھ گئی۔ کرشن چندر نے یہ بھی نہیں کہا کہ بین الاقوامی پیمانے پر نظریاتی تبدیلیوں (بلکہ "بتوں" کی تبدیلی کہنا زیادہ مناسب ہوگا) نے انجمن ترقی پسند مصنفین کو تو ایک طرف، سیدھے سیدھے کمیونسٹوں ہی کو جھنجھوڑ کر رکھ دیا ہے اور پُرانے بتوں سے نئے بتوں تک آنے کے عبوری زمانے میں

"ترقی پسندی" کی بنیاد پر کسی ادبی انجمن کی تنظیم ممکن نہیں۔"

دوسرے مہینے یعنی نومبر کے "سہیل" میں شہزاد منظر نے کلام حیدری کے جواب میں ایک مضمون شایع کرایا۔ جس کا عنوان تھا "انجمن ترقی پسند مصنفین کی ضرورت"۔ اس مضمون میں کرشن چندر کے الفاظ سے پیدا شدہ غلط فہمیوں کا ازالہ کرنے کی کوشش کی گئی تھی اور ترقی پسندوں کی تنظیم ٹوٹنے کے بارے میں اپنے خیالات کا اظہار کرتے ہوئے کہا گیا تھا:

"کلام حیدری نے اپنے مضمون میں جس طرح ذہنی جھلاہٹ کا اظہار کیا ہے، وہ قطعی غیر مناسب اور ناجائز ہے۔ کلام حیدری ہندوستانی کمیونسٹ پارٹی، انجمن ترقی پسند مصنفین، سوویت روس اور بین الاقوامی کمیونزم کے متعلق اپنے خیالات کا اظہار کرنے کے لیے کوئی اور ذریعہ بھی اختیار کرسکتے تھے۔ خواہ مخواہ کرشن چندر کی قطعی ذاتی رائے کو ایک ذریعہ بناکر ادبی سنسنی اور تہلکہ مچانے کی کوئی ضرورت نہیں تھی۔'

یہ ہنگامے ادبی یا صحافتی محاذ پر ہوئے۔ ادب داستان کا وہ حصہ سنئے جو سراسر ذاتی نوعیت کا ہے:

چورنگی ریستوراں والی نشست کے بعد جب سب لوگ باہر آئے تو میں نے کرشن چندر سے شکایت کی کہ آپ اتنے دنوں سے کلکتہ آئے ہوئے ہیں، لیکن آپ نے اپنی آمد کی اطلاع ہم میں سے کسی کو نہ دی۔ کرشن چندر نے کہا "چلیے ہوٹل چلتے ہیں، وہیں باتیں کریں گے۔"

میجسٹک ہوٹل پہنچ کر مختلف موضوعات پر باتیں ہوتی رہیں۔ ایک دو باتیں یاد رہ گئی ہیں۔ انہوں نے بتایا تھا کہ ان کے پاس اتنی ڈاک آتی ہے جتنی بہت سے فلمی ہیرو کے پاس بھی نہیں آتی۔ میرے ایک استفسار پر انہوں نے کہا تھا کہ جب وہ فلمیں

بنا رہے تھے تو پروڈیوسر نے انہیں گاڑیاں دے رکھی تھیں۔ اب ان کے پاس کوئی گاڑی نہیں ہے۔ انہوں نے یہ بھی بتایا تھا کہ روس سے نقد کی صورت میں رائلٹی نہیں آسکتی۔ البتہ اس رقم سے چیزیں خرید کر لائی جاسکتی ہیں۔ ظاہر ہے کہ اتنی چیزیں لانا ممکن نہیں۔

دوسرے دن شام کو دوبارہ ملنے کا پروگرام طے ہوا۔ میں نے پرویز شاہدی کو اطلاع دی۔ پھر ہم دونوں ل۔ حمد اکبر آبادی کے یہاں گئے۔ وہاں اتفاق سے جمیل مظہری بھی موجود تھے۔ ہم سب کرشن چندر کے پاس پہنچے تو معلوم ہوا وہ صبح سے بخار میں مبتلا ہیں۔ وہ ایک امریکی رسالے سے دل بہلا رہے تھے، جس میں نیم برہنہ (بلکہ 'نیم' سے کچھ زیادہ) تصویریں تھیں۔ اس کا نام FOLLIES تھا۔ (کلکتہ سے رخصت ہوتے وقت انہوں نے وہ رسالہ مجھے بخش دیا، جو ان کی یادگار کے طور پر اب بھی میرے پاس محفوظ ہے) ہم لوگوں کے اصرار پر وہ بستر پر لیٹ گئے۔ جمیل مظہری سے تعارف ہوا تو کرشن چندر بولے کہ میں آپ سے واقف ہوں اور آپ سے پونا میں جوش صاحب کے یہاں مل چکا ہوں۔ پرویز شاہدی سے وہ اپنے زیرِ تصنیف ناول "خدا جہنم میں" کا ذکر کرتے ہوئے کہنے لگے: "اس کا تھیم یہ ہے کہ خدا ایک دفعہ دنیا میں آتا ہے اور یہاں اربابِ اختیار نے اذیت کوشی کے جو ذرائع اختیار کر رکھے ہیں، انہیں دیکھ کر وہ کانپ جاتا ہے کہ کہ ان کے مقابلہ میں اس کی بنائی ہوئی جہنم تو بہت حقیر ہے۔"

پرویز شاہدی نے دریافت کیا۔ "کیا اس میں concentration camps اور Electric chair وغیرہ کا ذکر ہوگا؟"

کرشن چندر بولے: "ابھی میں بتانا نہیں چاہتا کیونکہ ناول کا اصل لطف ضائع ہو جائے گا، لیکن ان سب سے زیادہ ہیبت ناک ظلم اور جبر کے مظاہر پیش کیے جائیں گے۔" انھوں نے بتایا کہ یہ ناول ہندی میں جلد ہی قسط وار شائع ہونے والا ہے، لیکن اردو

میں کون شائع کرے گا، کہا نہیں جاسکتا۔ یہ ناول آج تک شائع نہیں ہو سکا۔ کرشن چندر نے مجھے ایک خط میں لکھا تھا "شاید خدا کی مرضی نہیں ہے۔"

باتوں کے دوران کرشن چندر کی تکلیف بڑھ گئی تھی اور ایسا محسوس ہونے لگا تھا کہ اب وہ آرام کرنا چاہتے ہیں۔ بخار تیز ہو گیا تھا اور سر کا درد بڑھ چلا تھا۔ بے چینی سے کروٹ بدلتے ہوئے بڑے رنجیدہ لہجے میں بولے: "بھائی پرویز! اب کفن وفن کا انتظام کرو۔ تمہارے کلکتہ نے مار ڈالا۔ ہائے۔"

پرویز صاحب نے ان کے بازو کو تھپکتے ہوئے تسلی دی "کیوں گھبراتے ہو صبح تک ٹھیک ہو جاؤ گے۔ میں اپنے ملازم کو بھجوا دیتا ہوں، وہ رات کو یہیں رہے گا۔"

کرشن چندر بولے: "مظہر امام بھی رہ جائیں تو ٹھیک رہے گا۔ میں تو یہاں بالکل اکیلا ہوں۔"

ایک بڑے فن کار کی تیمار داری کی سعادت میرے لیے "مسرت بخش" تھی!

کرشن چندر جس اضطراب اور بے چینی کا مظاہرہ کر رہے تھے، وہ اچھے اچھوں کے اطمینانِ قلب کو متزلزل کرنے کے لیے کافی تھا۔ پونچھ کے رہنے والے ان کے بچپن کے ایک دوست، جو کلکتہ میں کاروبار کرتے تھے، رات کے دس بجے ایک ڈاکٹر کو بلا لائے جس نے کچھ دوائیں تجویز کیں۔ جب میں دوا لانے چورنگی پہنچا تو لگ بھگ گیارہ بج رہے تھے۔ عام طور پر اس وقت تک دواخانے بند ہو چکتے ہیں۔ اتفاق سے ایک ڈسپنسری کھلی تھی۔ میں دوائیں لے کر ہوٹل پہنچا تو پرویز صاحب کا ملازم نظیر آچکا تھا۔ وہ کرشن چندر کو جانتا تھا، کیونکہ ۵۲ء میں کل ہند امن کانفرنس کے دنوں میں کرشن چندر پرویز شاہدی ہی کے یہاں مقیم تھے۔

اردو کا سب سے بڑا افسانہ نگار، دنیا کے ایک عظیم ملک کا ایک عظیم فنکار بستر علالت

پر تھا اور میں اس کی تیمار داری پر مامور۔ جس نے آج تک کسی کی تیمار داری نہیں کی تھی، جو اس فن سے قطعی نابلد تھا۔

کرشن چندر کو ۱۰۱ ڈگری سے زیادہ بخار نہ تھا، لیکن وہ مسلسل کراہ رہے تھے اور بار بار یہ شعر پڑھتے:

الٹی ہو گئیں سب تدبیریں، کچھ نہ دوا نے کام کیا
دیکھا اس بیماریٔ دل نے آخر کام تمام کیا

کہنے لگے: "بھائی امام! اب بچنے کی کوئی امید نہیں۔ موت کو بھی آنا تھا تو کہاں آئی!"

سر کے درد کی بار بار شکایت کرتے اور میں پوری طاقت کے ساتھ دونوں ہاتھوں سے ان کا سر دباتا۔ اس سے تھوڑا آرام ملتا تو کہتے: "پورا بدن ٹوٹ رہا ہے، کسی کروٹ چین نصیب نہیں۔ ع آج کی رات مسافر پہ بہت بھاری ہے

میں پھر اپنی پوری طاقت صَرف کر کے ان کے پاؤں اور کمر دباتا۔ اس دوران میں ان کے سر کا درد پھر بڑھ چکا ہوتا۔ اب میں سر کی طرف رجوع کرتا اور میرے کانوں میں یہ آواز آتی: "آہ! صبح تک زندہ نہیں رہوں گا۔ کچھ نہ دوا نے کام کیا۔"

مجھے کرشن جی کی بے دلی اور بد دلی پر دل ہی دل میں ہنسی بھی آتی۔ لیکن میں اپنے چہرے پر پوری سنجیدگی طاری کیے ہوئے ان کی خدمت میں مصروف رہا۔ رات کے پچھلے پہر تھوڑی دیر کے لیے کرشن جی کو نیند آ گئی۔ میں جاگتا رہا۔ میرے لیے زندگی میں یہ پہلا موقع تھا کہ میں نے کسی مریض کے سرہانے پوری رات جاگ کر گزاری ہو۔

کرشن چندر بمبئی جا کر مرنا چاہتے تھے۔ شاید وہ چند دن اور کلکتہ ٹھہرتے، لیکن انہیں یہ گوارا نہ تھا کہ ان کا جنازہ کلکتہ میں اٹھے۔ انھوں نے دوسری صبح کی فلائٹ سے اپنے لیے سیٹ بُک کرا لی تھی۔ صبح تک ان کی طبیعت پہلے سے بہت بہتر تھی۔ کہنے لگے:

"کلکتہ کی گرمی مجھ سے برداشت نہیں ہوتی۔ میں جب پنجاب میں تھا، گرمیوں میں پہاڑوں پر چلا جاتا تھا۔ میں بیمار نہیں پڑتا، اس لیے بیمار ہونے پر جلد گھبرا جاتا ہوں۔"

رات کے کرشن چندر صبح کو یکسر بدل چکے تھے۔ اب وہ موت کا ذکر چھوڑ کر زندگی کی باتیں کر رہے تھے۔ عباسؔ، ساحرؔ، جاں نثار اخترؔ اور رامانند ساگر کی باتیں۔ میں نے ان سے دھرم پرکاش آنند کے بارے میں دریافت کیا، جنھوں نے کسی زمانے میں "ادبی دنیا"، "ادب لطیف" وغیرہ میں جنس کے موضوع پر بڑے خوبصورت افسانے لکھے تھے اور کرشن چندر نے "نئے زاویے" کی پہلی جلد اور غالباً "نئے فسانے" میں بھی انھیں شامل کیا تھا۔ ان سے معلوم ہوا کہ آنند دہلی میں افسری کرتے ہیں اور افسانہ نگاری سے تائب ہو گئے ہیں۔

ساحرؔ کسی زمانے میں کرشن چندر کے اندھیری والے مکان کے گیرج میں اور پھر ان کے مکان کی اوپری منزل میں رہا کرتے تھے، لیکن ان دنوں کسی بڑے فلیٹ میں منتقل ہو چکے تھے۔ ساحرؔ اور مجروحؔ کے ذکر پر بولے: "اب تو میں نے دونوں ہی سے ملنا بند کر دیا ہے، کیونکہ جب بھی ان میں سے کوئی ملتا ہے، سوائے دوسرے کی شکایت کے کوئی اور بات ہی نہیں کرتا۔"

بمبئی کے اردو شاعروں کے آپس کے تعلقات کے بارے میں مجھے اس بیان کی تصدیق ہوئی جب میں نے انگریزی کے نئے شاعر ڈام موریس کا سفرنامہ پڑھا۔ اس نے لکھا ہے کہ جب میں ملک راج آنند سے ملنے گیا تو انھوں نے کہا کہ بمبئی میں اردو کے چھ بلند پایہ شاعر ہیں، لیکن ان کے آپسی تعلقات کا یہ عالم ہے کہ وہ صرف میرے یہاں کھانے پر اکٹھے ہوتے ہیں اور تب ہی آپس میں ان کی بات چیت ہوتی ہے۔

کرشن چندر نے واپس بمبئی پہنچ کر اپنے مخصوص مزاح کی چاشنی لیے ہوئے ایک

انتہائی محبت آمیز خط لکھا جو ان کی اخلاقی سربلندی کا بھی آئینہ دار ہے:

"جب کلکتے سے نکلا تو ۱۰۲ درجۂ حرارت تھا۔ یہاں پہنچ کر پھر ۱۰۴ ہو گیا۔ اس وقت سے اب تک بستر پر دراز رہا ہوں۔ دو تین روز سے بخار نہیں ہے، لیکن نقاہت شدید ہے۔ کلکتہ سے جو فُلو میں لایا تو یہاں سب کو بانٹ دیا۔ چنانچہ ان دنوں میری بیوی بچے، میرا سکریٹری اور گھر کے دوسرے ملازمین سب فُلو سے بیمار پڑے ہیں۔ ہمسائے آ کے دیکھ بھال کرتے ہیں اور ان کے باورچی کھانا پکاتے ہیں۔ مہندر جی مزاج پُرسی کے لیے آیا کرتے تھے۔ تین روز سے وہ بھی اپنے گھر میں فُلو میں مبتلا ہیں۔ کہیے آپ تو خیرت سے رہے؟ میرے جانے کے بعد!

ابھی تو یہ حال ہے کہ کلکتہ کے نام سے ہی وحشت ہوتی ہے (حالاں کہ اب تو بیچارے وحشت بھی کلکتہ میں نہ رہے) حالانکہ آپ کی محبت اور رفاقت نے کلکتے میں بڑا سہارا دیا اور یہ خوبصورت بات ہمیشہ دل میں رہے گی۔ افسوس کہ اپنی علالت کی وجہ سے آپ سے ملاقات بڑی سرسری اور بے لطف رہی۔"

اسی خط میں انہوں نے پوچھا تھا: "شاہد پرویزی کس حال میں ہیں؟" میں نے پرویز شاہدی کو یہ خط دکھایا تو انہیں یہ بات گراں گذری کہ کرشن چندر ان کا نام لینے میں غلطی کر رہے ہیں۔ میں نے انہیں اس سلسلے میں لکھا تو ان کا بڑا دلچسپ جواب آیا:

"شاہد پرویزی، توبہ توبہ، پرویز شاہدی کو میری طرف سے بہت بہت پیار۔ اگر میں اپنی علالت کے زمانے میں ان کا نام غلط لکھ گیا تو کیا مضائقہ ہے؟ انہیں بھی مجھے کرشن چندر کے بجائے "چرشن کندر" کہہ دینے کا حق ہے۔ وہ اس حق کو ہمیشہ استعمال کر سکتے ہیں۔"

کرشن چندر سے خط و کتابت کا سلسلہ چل نکلا تو میں نے ایک خط میں دریافت کیا کہ

کیا آپ بھی اپنی تحریروں پر تنقیدیں پڑھ کر ناگواری محسوس کرتے ہیں۔ انہوں نے پرزور الفاظ میں اس کی تردید کرتے ہوئے اپنے ۲۲ نومبر ۵۷ء کے خط میں مجھے لکھا:

"اس ملک کے ادیبوں ں ایہ بہت بڑی کمزوری ہے کہ وہ اپنے ادب کے خلاف کوئی بات سن ہی نہں اسکتے۔ اس کا نتیجہ یہ ہوا ہے کہ ایک غلط قسم کی تنقید نگاری کا رجحان جڑ پکڑ رہا ہے۔ بشتر تنقدیں تو دوست نوازی کے اصولوں پر مبنی ہوتی ہں ت اور بعض بُغض اور منافرت کی بنا پر۔ اس طرح سے صحت مند تنقید نہیں ہوتی۔ اگر میں واقعی اوّل درجے کا ادب پشر کرتا ہوں تو یہ تمام مخالفت تاریخ کی نظروں میں بے معنی ہو جائے گی، اور اگر واقعی ں ت بُرا ادب پشف کرتا ہوں تو مرپے تمام دوستوں کی مدح وستائش مجھے ادبی موت سے کبھی نہ بچاسکے گی۔ قصہ مختصر یہ کہ ادیبوں کو ادب کے معاملے مں اپنے دل وسعں رکھنے چاہئں ا۔ اس وسعت نظری کے بغر اول درجے کا بلکہ دوم درجے کا ادب بھی پد قانہں ف ہو سکتا۔"

اپریل ۵۸ء میں میری شادی ہوئی تو میں نے کرشن چندر کو اس کی اطلاع دی۔ ان کا خط آیا:

"آپ نے شادی کر ڈالی؟ خدا آپ کو خوش رکھے اور شادی کی ہر آفت سے محفوظ رکھے۔ عورتوں کے متعلق میرا اب یہ عقیدہ ہے کہ دور سے بہت اچھی معلوم ہوتی ہیں۔"

کرشن چندر کی دعا کا وہی حشر ہوا جو اس طرح کی دعاؤں کا ہوتا ہے! میرا خیال ہے کہ انھیں عورتیں دور سے ہی نہیں، نزدیک سے بھی اچھی معلوم ہوتی تھیں! اس کی تصدیق جلد ہی ہو گئی۔

کچھ عرصہ بعد منظر شہاب نے بتایا کہ وہ پٹنہ سے دربھنگا جانے کے لیے بذریعہ اسٹیمر گنگا پار کر رہے تھے کہ انہیں کرشن چندر ایک سُوٹ کیس پر بیٹھے ہوئے نظر آئے۔ پہلے تو

انہیں پہچاننے میں تکلف ہوا، پھر ہمت کر کے پوچھ ہی لیا کہ آپ اس طرف کہاں؟ معلوم ہوا کہ وہ تسنیم سلیم چھتاری کی دعوت پر ان سے ملنے چکیہ (موتی ہاری) جارہے ہیں۔ ان دنوں تسنیم سلیم کے شوہر وہاں ایک شوگر مل کے منیجر تھے۔ کہنے والے کہتے ہیں کہ کرشن چندر سے سلمیٰ صدیقی کی دوستی یہیں پروان چڑھی! واللہ اعلم۔

۶۱ء میں پرویز شاہدی، یومِ جگر میں شرکت کے لیے کٹک آئے تو انہوں نے خبر دی کہ کرشن چندر نے سلمیٰ صدیقی سے شادی کر لی ہے۔ اس کی اطلاع انھیں بنّے بھائی سے کلکتے میں ملی تھی۔ کرشن چندر کے ذوقِ حُسن کا میں ہمیشہ سے قائل رہا ہوں اور سلمیٰ صدیقی کے حُسن کے بارے میں دو رائیں نہیں ہو سکتی تھیں۔ میں نے پہلی بار ان کی تصویر "شعاعیں" نام کے دہلی کے ایک رسالے کے افسانہ نمبر ۴۹ء میں سرورق پر دیکھی تھی۔ اسی رسالے کے کسی اور شمارے میں خورشید عادل منیر اور ان دونوں کے پہلے بچے کی تصویر بھی سلمیٰ کے ساتھ چھپی تھی۔ اس رسالے میں دونوں میاں بیوی کے افسانے شائع ہوتے رہتے تھے۔ (خورشید عادل منیر کے افسانے میں نے "ساقی" میں بھی دیکھے تھے) ۵۰-۵۱ء میں سلمیٰ خورشید منیر "شعاعیں" کی مجلس ادارت میں بھی شامل تھیں۔ کرشن چندر کی تحریریں بھی اِس رسالے میں آنے لگی تھیں۔ کرشن اپنی بیوی سے ہمیشہ غیر مطمئن رہے، اور شاید اسی لیے ایک آستاں سے دوسرے آستاں تک بھٹکتے رہے۔ شاہد احمد دہلوی نے کرشن چندر پر لکھے ہوئے اپنے خاکے میں اس زمانے کا ذکر کرتے ہوئے جب وہ دہلی میں آل انڈیا ریڈیو میں پروگرام اسسٹنٹ تھے، لکھا ہے کہ ان کے بارے میں بُری بُری باتیں سننے میں آتی تھیں۔ ظاہر ہے یہ "بُری بُری باتیں" کرشن چندر کی حُسن پرستی سے متعلق ہی رہی ہوں گی۔ ہمارے یہاں "شاہد و شراب" کے ذکر سے ہی تیوریوں پر بل پڑ جاتے ہیں۔ استحصال، رشوت ستانی، بے ایمانی، فریب کاری ہمارے

معاشرے کا مَن بھاتا کھاجا ہیں۔

سلمٰی صدیقی سے کرشن چندر کی شادی ایک عرصے تک موضوع گفتگو اور مسئلہ بحث بنی رہی۔ ہماری سرحد کے اس پار تو ایک ہنگامہ کھڑا ہو گیا۔ وہاں جو کچھ لکھا گیا، میں نے نہیں دیکھا، لیکن وہاں کے ایک رسالے شاید "ادب لطیف" میں انہیں دنوں کرشن چندر کا ایک خط چھپا تھا جس میں انہوں نے اس موضوع کی جانب اشارہ کرتے ہوئے اڈیٹر سے درخواست کی تھی کہ وہاں جو گندگی اچھالی جارہی ہے، اسے ختم کرانے کی کوشش کریں۔ ان دنوں یہ بات بھی پھیلی کہ یہ شادی اسلامی طریقے سے ہوئی، باقاعدہ نکاح ہوا۔ کرشن چندر نے اسلام قبول کیا اور اپنا نام قادر ملک رکھا۔

اس شادی کے چھ سات سال بعد شاعر کا ایک ضخیم اور نہایت عمدہ کرشن چندر نمبر ۶۷ء میں شائع ہوا۔ اس میں علی گڑھ کے کسی قلم کار کی کوئی تحریر نہیں تھی۔ سنا گیا کہ رشید احمد صدیقی کی خاطر شکنی کا لحاظ رکھتے ہوئے وہاں کے کسی ادیب نے اس نمبر کے لیے لکھنا مناسب نہیں سمجھا۔ یہ بھی کہا جاتا ہے کہ رشید صاحب نے اس شادی کے بعد کبھی کرشن چندر سے ملنا گوارا نہیں کیا، لیکن سلمٰی صدیقی سے ان کے تعلقات کرشن چندر کی زندگی میں ہی قائم ہو گئے تھے۔ اس کا ثبوت سلمٰی کے نام ان کے وہ خطوط ہیں جو لطیف الزماں خاں کے مرتب کردہ مجموعے میں شامل ہیں۔ میں نے "شاعر" کے اس نمبر میں کرشن چندر پر محمد حسن عسکری کا وہ طویل مقالہ بھی شائع کرا دیا تھا جو "اردو ادب میں ایک نئی آواز" کے عنوان سے اگست ۴۱ء کے "ساقی" میں چھپا تھا۔ خود کرشن چندر بھی اس مضمون کو بھول گئے تھے، اور بہت کم لوگوں کو معلوم تھا کہ محمد حسن عسکری نے، جو کرشن چندر کے مخالفوں میں شاید سب سے موثر آواز تھے، کبھی ان کی افسانہ نگاری پر ایک انتہائی توصیفی مضمون بھی لکھا تھا۔ ڈاکٹر آفتاب احمد نے لکھا ہے کہ ایک بار انہوں

نے عسکری سے اس مضمون کا ذکر کیا تو وہ ٹال گئے۔ ۵۴ء میں "سیارہ" کراچی میں عسکری نے کرشن کا جو انتہائی محبت آمیز خاکہ لکھا تھا، اس پر کسی کی نگاہ ہی نہیں گئی۔

کرشن چندر سے ایک تفصیلی لیکن آخری ملاقات ۷۳ء میں کانپور اور لکھنؤ میں ہوئی۔ نہرو کلچرل ایسوسی ایشن لکھنو کی جانب سے کانپور کے کملا کلب کے احاطے میں ایک کل ہند مشاعرہ کا اہتمام کیا گیا تھا۔ اسی تقریب میں ایسوسی ایشن کی جانب سے اس وقت کے نائب صدر جمہوریۂ ہند جی۔ اس۔ پاٹھک کے ہاتھوں کرشن چندر اور کیفی اعظمی کو انعامات بھی دیے گئے تھے۔ مشاعرے کی صدارت کرشن چندر نے کی تھی۔ کیفی اعظمی کو، ان کے معذور ہونے کے بعد، میں نے پہلی بار دیکھا تھا۔ وہ فرش کی بجائے کرسی پر بیٹھنے لگے تھے۔ ان کی دیکھ بھال کرنے کے لیے ان کی صاحبزادی شبانہ اعظمی سیدھے سادے لباس میں اسٹیج پر موجود تھیں۔ اس وقت تک ان کی پہلی فلم "انکرُ" بھی ریلیز نہیں ہوئی تھی، اور فلمی اداکار کی حیثیت سے کم ہی لوگ انہیں جانتے تھے۔ البتہ مشاعرے میں مشہور فلم اسٹار نگار سلطانہ کی نوخیز بیٹی حنا کوثر اپنے تمام قاتلانہ گلیمر کے ساتھ بحیثیت شاعرہ شریک تھیں، اور انہیں ہی مشاعرے میں سب سے زیادہ داد ملتی تھی۔ ساحرؔ لدھیانوی نے اپنی نظم "پرچھائیاں" شروع کی، لیکن مجمع نے سُننا گوارانہ کیا۔ کسی نے "تاج محل" کا لقمہ دیا۔ ساحرؔ کی وہ نظم بھی بے دلی کے ساتھ سُنی گئی۔ مشاعرے میں اتنی بھیڑ تھی کہ اسے کنٹرول کرنا مشکل تھا۔ افراتفری کا یہ عالم تھا کہ مجروحؔ سلطان پوری مشاعرہ گاہ کے گیٹ تک پہنچے تو کسی نے انہیں اندر جانے نہ دیا۔ وہ واپس چلے گئے اور مشاعرے میں شریک نہیں ہوئے۔ اسی محفل میں پہلی بار احمد جمال پاشا اور عابد سہیل سے ملاقات ہوئی۔

منتظمین مشاعرہ نے جس جگہ میرے قیام کا انتظام کیا تھا، وہیں فراقؔ، مجروحؔ، شاذؔ

تمکنت، زبیر رضوی وغیرہ ٹھہرے ہوئے تھے۔ شاذ کہنے لگے کہ میں تمہارا یہ شعر اپنی محبوبہ کو اکثر سُناتا ہوں:

محو ہوتی ہی نہیں یاد تری
کوئی بچپن کا سبق ہو جیسے!

مشاعرے کے دوسرے روز میں شمس الرحمٰن فاروقی کے یہاں منتقل ہو گیا جو ان دنوں وہیں کانپور میں ڈائرکٹر پوسٹل سروسز تھے۔ انہیں بھی غیر مسلم اردو مصنفین کانفرنس میں بحیثیت آبزرور شریک ہونا تھا اور مجھے بھی۔ انہیں کی گاڑی میں لکھنؤ تک کا سفر کیا۔ رام لال نے میرے قیام کا انتظام کہیں اور کیا تھا، لیکن رتن سنگھ مجھے کھینچ کر اپنے یہاں لے گئے۔ وہ ان دنوں آل انڈیا ریڈیو لکھنؤ میں پروگرام اگزیکیٹو تھے۔ ان سے بھی یہ میری پہلی ملاقات تھی۔ لکھنؤ ریڈیو اسٹیشن پر کبھی ن۔م۔راشد اور کرشن چندر بھی رہ چکے ہیں۔

غیر مسلم اردو مصنفین کانفرنس میں بہت سی مقتدر شخصیتیں تھیں، مگر مرکز نگاہ کرشن چندر ہی تھے، ہر چند انہیں اس وقت تک non-writer قرار دیا جا چکا تھا اور جدیدیت پسندوں کا حلقہ ان سے کھنچا کھنچا رہتا تھا۔ یہ جدیدیت کے عروج کا زمانہ تھا، اور ایسا لگتا تھا کہ ترقی پسندی اپنی معنویت کھو چکی ہے، مگر کرشن چندر ان آتی جاتی لہروں سے بے نیاز لکھے جا رہے تھے۔ ان کا ناول "آدھا راستہ" عابد سہیل نے انہیں دنوں چھاپا تھا۔ ہوٹل گلمرگ میں، جہاں کرشن چندر کا قیام تھا، میں نے عابد سہیل کو ان سے ان ناول کے اگلے حصے کی تکمیل کے سلسلے میں گفتگو کرتے ہوئے دیکھا۔

کانفرنس کے الگ الگ اجلاسوں میں اور ان سے باہر میرا ساتھ زیادہ تر کرشن چندر کے ساتھ رہا۔ وہ اس وقت کے وزیر اعلیٰ 'ہیم وتی نندن بہوگنا' سے بھی اسی بے تکلفی سے

ملتے جس طرح اپنے کسی بے شناخت قاری سے۔ عظمت ان کے شانوں تک پہنچ کر بہت سبک ہو گئی تھی۔ کانفرنس میں اردو کی بقا اور ترویج کے سلسلے میں بہت سی تجویزیں پیش ہوئیں۔ جیسا کہ قاعدہ ہے منظوری سے پہلے تجویزوں پر بحثیں ہوتی ہیں۔ انہوں نے کئی بحثوں میں حصہ لینے کے لیے مجھے مجبور کیا۔ اور جب ریڈیو سے متعلق ایک تجویز پیش ہوئی، کہ اردو کو اس ذریعۂ ابلاغ میں خاطر خواہ جگہ ملنی چاہیے تو انہوں نے خود جا کر مائک پر میرے نام کا اعلان کیا۔ وہ شہر میں کئی جگہ گئے۔ رکشے پر میں ہمیشہ ان کے ہم سفر رہا۔ ان کے لیے گاڑی وزیر اعلیٰ کے یہاں سے بھی آسکتی تھی، یا ان کے کسی بھی اہل ثروت مدّاح کے یہاں سے۔ مگر انہوں نے کسی سے یہ احسان لینا گوارا نہ کیا۔ ہوٹل میں اور رکشے پر ان سے بہت سی باتیں ہوئیں، ترقی پسندی اور جدیدیت کی، بمبئی کی فلمی زندگی کی، ان کی نئی تحریروں کی۔ میں نے عسکری کا ذکر چھیڑنے کے لیے کہا کہ میں نے ان کا مضمون "شاعر" کے نمبر میں چھپوا دیا تھا۔ کہنے لگے: "تم نے بہت اچھا کیا، مجھے یہ مضمون یاد نہیں تھا، مہندر جی کو بھی نہیں۔" ان سے عسکری کی مخالفت کی بات چل نکلی۔ بولے: "پہلے وہ بھی ترقی پسندی سے متاثر تھے۔ دہلی میں کئی بار ان سے ملاقات ہوئی تھی۔ محبت سے ملتے تھے، پھر پتہ نہیں کیوں وہ میری مخالفت پر کمر بستہ ہو گئے۔ تقسیم کے بعد تو انہوں نے باقاعدہ میرے خلاف محاذ آرائی کی۔"

میں نے کہا: "جی ہاں، میں نے 'سنگ میل' وغیرہ میں ان مضامین کے بارے میں پڑھا تھا جو انہوں نے آپ کے خلاف بعض اخبارات اور رسائل میں لکھے تھے۔ خاص طور پر فسادات پر لکھے ہوئے آپ کے افسانوں پر وہ بہت معترض تھے۔ ان دنوں وہ منٹو کو بڑھا رہے تھے۔ ان کے ساتھ مل کر "اردو ادب" کا اجرا بھی کیا تھا، پھر انہوں نے پاکستانی ادب کا نعرہ لگایا۔"

میں نے مزید کہا: "تقسیم سے پہلے بھی وہ 'جھلکیاں' میں آپ پر بالواسطہ طنز کرتے رہے تھے۔ 'ان داتا' کے بعد انہوں نے لکھا تھا کہ قحط بنگال پر لکھے ہوئے افسانوں سے گھسے ہوئے پیسوں کی بو آتی ہے۔ ویسے اپنے خاکے میں آپ سے دوستی کا انہوں نے بار بار ذکر کیا ہے۔"

کرشن چندر خاموش رہے۔ میں نے بات کا رُخ بدلنے کے لیے دریافت کیا: "آپ سلمٰی بھابھی کو نہیں لائے؟"

کہنے لگے: "بھائی، انہیں یہاں تکلیف ہوتی۔ وہاں تو قدم قدم پر ٹیکسی مل جاتی ہے۔ لکھنؤ کے ان چھوٹے چھوٹے رکشوں پر بیٹھنا ان کے لیے دشوار ہوتا۔"

پھر میں پٹنہ میں سخت بیمار ہوا۔ پوری طرح صحت یاب بھی نہ ہوا تھا کہ میں تبدیل ہو کر سری نگر چلا گیا۔ میرے وہاں پہنچنے سے قبل کرشن چندر آخری بار کشمیر آئے تھے۔ بعض دوستوں نے بتایا: "بہت رقیق القلب ہو گئے ہیں۔ زیادہ پی لیتے ہیں اور رونے لگتے ہیں۔" نہ جانے کون سی خلش تھی، ناآسودگی اور محرومی کا کون سا احساس تھا، جس نے انہیں مضطرب کر رکھا تھا۔ دل کا حملہ ہوا، پیس میکر لگایا گیا۔ انتقال کی خبر آئی تو مجھ پر سکتہ سا طاری ہو گیا۔ کرشن چندر سے میرا جتنا جذباتی تعلق رہا ہے، کسی اور ادیب سے نہیں رہا۔ ہوش و حواس بجا ہوئے تو میں نے سری نگر دوردرشن کے مذاکرے میں کہا کہ موجودہ تنقید کرشن چندر کی دشمن ہے، لیکن یہ تنقید اپنی موت آپ مر جائے گی، کیوں کہ کرشن چندر کے لازوال افسانوں کی تعداد ان تیروں سے زیادہ ہے جو ان پر برسائے گئے ہیں!

۱۹۷۹ء میں مجھے ایک تربیتی کورس سے وابستگی کے سبب چھ ماہ تک فلم اینڈ ٹیلی ویژن انسٹی ٹیوٹ پونا میں رہنا پڑا۔ فروری میں اعجاز صدیقی مرحوم کی پہلی برسی کے موقع پر صابو

صدیق ہال بمبئی میں ایک جلسہ منعقدہ ہوا جس کا اہتمام "شاعر" کی جانب سے کیا گیا تھا۔ میں بھی مدعو تھا اور بیگم اعجاز صدیقی کا مہمان تھا۔ جلسے کی صدارت میں نے کی۔ ظ۔ انصاری، راہی معصوم رضا، سلمیٰ صدیقی وغیرہ موجود تھے۔ سلمیٰ صدیقی سے یہ میری پہلی ملاقات تھی۔ دوسرے دن سہ پہر کو ان کے دولت کدے پر ان سے ملنے کا وقت مقرر رہا۔ صبح سویرے ظ۔ انصاری مجھ سے ملنے میری رہائش گاہ پر آگئے۔ ان سے رخصت ہونے کے بعد ٹیلی ویژن سنٹر چلا گیا۔ وہاں سردار جعفری اور تبسم (مشہور فلم / ٹی وی آرٹسٹ) کے ساتھ کرشن چندر کے افسانے "آدھ گھنٹے کا خدا" پر مبنی بمبئی دوردرشن کی تیار کردہ ٹیلی فلم دیکھی۔ وہاں سے راہی معصوم رضا کے یہاں پہنچا۔ وہیں آج کی معروف فلمی اداکارہ دیپتی نول (پرکاش جھا کی سابق بیوی) سے تعارف ہوا۔ اس وقت تک ان کی کوئی فلم ریلیز نہیں ہوئی تھی۔ وہ ایک ڈری ڈری سہمی سہمی سی لڑکی لگتی تھیں۔ راہی کو میں نے بتایا کہ مجھے یہاں سے سلمیٰ صدیقی کے یہاں جانا ہے تو انہوں نے کہا کہ میں بھی اسی طرف جا رہا ہوں، تمہیں چھوڑ دوں گا۔ انہوں نے مجھے اپنی نئی سیاہ ایمبیسڈر میں سلمیٰ صدیقی کے گھر پہنچا دیا۔ سلمیٰ بھابھی کہنے لگیں کہ کرشن جی جن دو چار لوگوں کو اپنے آپ سے بہت قریب سمجھتے تھے، ان میں ایک آپ کا نام بھی لیا کرتے تھے۔ کرشن جی کی زندگی میں اَن گنت لوگ آئے ہوں گے، بے شمار افراد سے قربت رہی ہو گی، پھر بھی اگر انہوں نے مجھے خود سے قریب سمجھا تو میں اسے ان کی بڑائی اور عظمت کے علاوہ کیا کہہ سکتا ہوں۔ میں نے خواہش ظاہر کی کہ میں کرشن بھائی کا وہ کمرہ دیکھنا چاہتا ہوں جس میں بیٹھ کر وہ لکھا کرتے تھے۔ سلمیٰ بھابھی نے بتایا کہ وہ کمرہ اس شکل میں باقی نہیں رہا۔ پھر وہ مجھے اس کمرے میں لے گئیں، جسے دیکھ کر میری آنکھوں میں آنسو آ گئے۔ خیال آیا کہ اس مکان کو حکومت کی جانب سے کرشن چندر میوزیم میں تبدیل ہونا چاہیے

تھا، مگر وہاں کوئی ایسی چیز نہیں تھی جس سے اس دور کے سب سے زیادہ موضوع بحث ادیب کی شناخت ہو سکتی۔ بمبئی جیسے مصروف اور بے نیاز شہر میں، یہی کیا کم ہے کہ وہ مکان جس میں کرشن چندر رہا کرتے تھے، ان کی بیوی بچوں کے سر چھپانے کے لیے باقی رہا۔

میں کرشن چندر کے سابقہ اسٹڈی روم سے باہر نکلا ہی تھا کہ سلمیٰ بھابھی اشارہ کرکے مجھے پھر اسی کمرے میں واپس لے گئیں، اور تقریباً سرگوشی کے لہجے میں بولیں: "آپ نے کرشن جی کے انتقال کے بعد پٹنہ سے خط لکھا تھا اور مجھ سے ان کے نکاح نامہ کی نقل مانگی تھی۔" میں حیرت اور ایک طرح کے احساس تکدّر کے ساتھ ان کا منہ تکنے لگا۔ وہ کچھ اور کہنا چاہتی تھیں۔ لیکن میں ہی بول پڑا: "میں ساڑھے تین سال سے پٹنہ سے باہر ہوں، کشمیر میں۔ میں نے کرشن بھائی کی وفات کے بعد بلکہ آج تک آپ کو کوئی خط نہیں لکھا۔ اگر کرشن بھائی کے نام میرا کوئی خط محفوظ ہو تو تحریر ملا کر دیکھ لیجیے۔" ایسا محسوس ہوا کہ ان کے سینے سے ایک بڑا بوجھ ٹل گیا ہے، لیکن وہ گومگو میں رہیں، شاید سوچ رہی تھیں کہ پھر کس نے یہ فریب کاری کی؟ آج تک میرے لیے بھی یہ ایک معمہ ہے کہ وہ خط میرے نام سے کس نے لکھا۔ ممکن ہے کسی واقف کار صحافی نے کرشن چندر سے میرے قریبی تعلقات کا فائدہ اٹھا کر، میرے نام کا استحصال کرنا چاہا ہو، تاکہ کرشن بھائی اور سلمیٰ بھابھی کی شادی کے سلسلے میں پھر کوئی سنسنی خیز خبر شائع کی جا سکے۔

زندگی کے حُسن سے کرشن چندر کا نکاح بچپن میں ہی ہو چکا تھا۔ انہوں نے اس منکوحہ کو اپنی بھرپور محبت دی۔ وہ مایوس اور دل شکستہ بھی ہوئے کہ زندگی کو بدصورت اور بدمزہ بنانے کی کوششیں ہر طرف سے ہو رہی تھیں لیکن زندگی کو خوبصورت دیکھنے کی آرزو سے وہ آخر دم تک سرشار رہے۔ ان کا "نکاح نامہ" دیکھنا ہو تو "زندگی کے موڑ پر"

دیکھیے، "بالکونی" دیکھیے، "گرجن کی ایک شام" دیکھیے۔ اور ایک معمولی تحریف کے ساتھ "بالکونی" کی ان آخری سطروں پر مضمون کو ختم کرنے کی اجازت دیجیے:

"بہار ضرور آئے گی، ایک دن انسان کی اجڑی کائنات میں بہار ضرور آئے گی۔۔۔ کرشن چندر! تیرے آنسو بیکار نہ جائیں گے!"

***

سروجنی نائیڈو

آغا حیدر حسن

اب جلسے کی جان روح رواں سروجنی کی بابت سنو، ٹھمکا ٹھمکا بوٹا سا قد، گول گول گدرایا ہوا ڈیل، کھلتی ہوئی چمپئی رنگت، کتابی چہرہ، کھڑا کھڑا نقشہ، چہرے سے متانت اور سنجیدگی ہویدا ہے، مگر ساتھ ہی اس کے خوش خلق اور ہنس مکھ بھی ضرور ہیں۔ خوب گہری گہری کالی جتی بھویں، جٹ کے اوپر چھوٹا سا خوب گہرا سرخ کسوم کا ٹیکہ۔ بڑی بڑی نرگسی آنکھیں کچھ جھکی جھکی سی۔ دیکھنے میں کمزور مگر چلنے اور حرکت کرنے میں ہوا سے باتیں کریں۔ آنکھوں کے ڈھیلے ہر وقت تر و تازہ رہتے ہیں۔ پتلیاں خوب سیاہ اور بڑی بڑی جن کے چاروں طرف بڑے بڑے مڑے ہوئے سیاہ گنجان پلکوں کا جنگلہ ہے، جس میں یہ وحشی ہر وقت رم کرتے رہتے ہیں۔ بھلا کہیں اس جنگلے سے یہ کالے شیر ازی کبوتر رکتے ہیں، نہیں، آناً فاناً میں دور دور کے کاوے کاٹ آتے ہیں۔ بوا، آنکھیں کیا بتاؤں، غضب کی ہیں موتی کوٹ کوٹ کر بھر دیے ہیں، لیکن ساتھ ہی ان سے حجاب و شرم و حیا اور عصمت و عفت پڑی برستی ہے۔ یہ دیکھ کر کہ شہر شہر ملک ملک اکیلی پڑی پھرتی ہیں، ہزاروں لاکھوں مردوں میں اٹھتی بیٹھتی ہیں۔ چاہیے تھا کہ دیدے کا پانی ڈھل جاتا مگر نہیں؟ آنکھ میں وہ حیا ہے کہ بعض بے حیا مردوں کی طرف اٹھتے ہی ان کو بھی حیادار بنا دیتی ہیں۔ یہ باہر کا پھرنا اس سے ہزار درجہ بہتر ہے کہ گھروں کی چار دیواری کے اندر

پڑے پڑے پردوں میں گر دے لگائیں اور نہ بی بی ہم نے حاشا اللہ حاشا رحمٰن کوئی ان کی ایسی ویسی بات سنی۔ متناسب اعضا ہیں، چھپ تختی بڑی پیاری ہے جس کے سبب جامہ زیبی اور پھبن غضب کی ہے، کان موزوں ہیں، اور لویں نیچے کو بڑی خوب صورتی کے ساتھ جھکی ہیں، بال بڑے گھنے دار کالے بھونرا سے ہیں اور انگریزی موجودہ طرز کے موافق کنپٹیوں پر جھکا کر اور کانوں پر سے لے جا کر پیچھے جوڑے کی صورت میں لپیٹ دے کر کالی کنگھیاں لگائی گئی تھیں جن میں ہیرے کی طرح چمکتے ہوئے سفید نگ جڑے ہوئے تھے جو مہین بنارسی ساڑی کے اندر سے پٹ بجنوں کی طرح جھم جھم کر رہے تھے۔ بالوں کی وضع تھی تو انگریزی مگر ہماری محمد شاہی پٹیوں اور سادی ببریوں سے کچھ کچھ ملتی جلتی ہے۔ بائیں رخسار پر ذرا کچھ اوپر ہٹ کر ایک ننھا سا ہلکے سیاہ رنگ کا تل ہے کہ جب ہنستے وقت گال اوپر کی طرف بڑی خوب صورتی سے تلاطم پیدا کرتے ہوئے چڑھتے ہیں تو شامت زدہ آنکھوں میں گھسنے کی کوشش کرتا ہے۔ سیدھے رخسارے میں ہلکا سا گڑھا پڑتا ہے جس کی بابت دلّی والیوں کا خیال ہے کہ ساس پر بھاری ہوتا ہے۔ چوکھٹا موزوں، برابر برابر۔ جمی ہوئی خوب چمکتی ہوئی بتیسی جیسے بحرین کے موتی، ہونٹ جو ہنسنے اور مسکرانے میں ایک دوسرے سے جدا ہوتے ہیں اور پھر کچھ وقفے کے بعد مل کر بالکل وابستہ ہو جاتے ہیں پتہ دیتے ہیں کہ یہ عورت بڑی برداشت اور تحمل کی ہے۔ رکھ رکھاؤ اور اپنے تئیں لیے دیے رکھنے کا بڑا مادہ ہے۔ کوئی راز کی بات کہہ دو تو گویا کوئیں میں ڈال دی یا یوں سمجھ لو کہ وہ زبان حال سے کہتے ہیں کہ ہم نے آج تک کوئی چھچھوری، پوچ، بے ہودہ اور لغویات اپنے میں سے باہر نہیں جانے دی، پہلے ہم ساکنانِ دل و دماغ کا جھاڑا لیتے ہیں پھر نکلنے دیتے ہیں۔ خوب صورت ٹھوڑی جیسے بنارسی لنگڑے کی کیری، مورنی کی سی گردن، گول سڈول بازو، چپٹی لمبوتری سانچے میں ڈھلی بانہیں، اچھی گول گول نازک

کلائیاں جن میں پھنسی پھنسی چمکتے ہوئے زبرجدی رنگ کی جاپانی ریشمیں چوڑیاں، بیچ میں نیم کے پھول کے بمبئی کی جلادار اشرفی کے سونے والی چوڑی اور پھر ریشمیں چوڑیوں میں ملی ہوئی ادھر اُدھر ایک کے بعد ایک، بائیس کے ردوالی وہی سرخی لیے اشرفی کے سونے کی پتلی پتلی نخیں لگی ہوئی بڑی بھی معلوم ہوتی تھیں۔ گلے میں ست لڑے کی سی وضع کی کنٹھی تھی جس میں جگنی کی جگہ یاقوت کی آواز دار جرائی کا چاند اور پکھراج کی جڑائی کا تارہ سالگا ہوا تھا۔ کانوں میں ہیرے کے چھوٹے چھوٹے بندے تھے جو بجلی کی روشنی میں حرکت کے ساتھ پڑے جھمر جھمر کرتے تھے۔

بیگم نیڈو کے کانوں کو دیکھ کر اللہ بخشے وڈّا سوبھا یاد آگئیں جو کہا کرتی تھیں کہ اے ہے! عورت کا حسن ہی کیا جو اوپر کے سب کان نہ چھدے ہوں۔ نرے نیچے کے ایک ایک یا دو دو کان چھدے ہوں تو عورتیں لگتی نہیں۔ خاصے بھانڈوں کے ساتھ ناچنے والے لونڈے معلوم ہونے لگتی ہیں۔ صورت ہی نہیں نکلتی جب تک کہ نرم نرم کان گونٹی کی طرح نہ جھکے پڑتے ہوں اور جو بیویاں مارے نزاکت کے گہنا پاتا نہیں پہنتیں تو لوگو! چاہے مجھے کوئی بدشرم کہے یا بے حیا اس بندی کو وہی میاں مراد کے چوتڑ جیسے چاند سادہ سادہ روڑھا روڑھا منھ لگنے لگتا ہے۔ چاہے کتنا ہی گورا چٹا کیوں نہ ہو۔ خصم بھی بات کرتے لجیائے، موئے ہم زاد کا دھوکا کھائے۔ اللہ غریق رحمت کرے کیا اگلے لوگ بھی تھے اور کیا تھے ان کے خیال۔ بہشتن کسی کو بھی ذرا ہلکا ہلکا سا زیور پہنے دیکھ لیتی تھی تو کوئی نہ کوئی چوٹ ضرور ہی کر دیتی تھی اور ہم بہنوں میں سے تو اگر کوئی ذرا بھی گھبرا کر ایک بھی چیز علاحدہ کر دیتی تھی تو ہماری جان سے دور، چار بار پنجتن پاک کا قدم درمیان، بے چاری کی ارواح نہ شرمائے، بلا کی طرح ہاتھ جھاڑ کے پیچھے پڑ جاتی تھی اور جو نہ کہنی تھی وہ کہہ سناتی۔ خیر بے چاری، اب ہم سے اچھے لوگوں میں ہے۔ اللہ واں کی اچھی بنائے یاں تو

اچھی کاٹ ہی دی۔ کہتے ہیں کہ مر کے پاؤں پھیرے اس نے تو مر کے بھی پہرہ دیا۔ یاد ہو گا۔ شابو کی اس رات کیسی گھگھی بندھی تھی اور کیسی چیخنی چلائی ہے اور پوچھتے تھے کہ اری مردار بتا کیا آفت ہے سر پہ میراں آئے ہیں یا موں اللہ بخش چڑھ بیٹھے ہیں، کوئی پچھل پہری دیکھی یا تیرے میرے پیاروں نے آٹیٹو ادبایا۔ کچھ جواب نہ دیتی تھی۔ بیری کی طرح تھر تھر سر سے پاؤں تک کانپتی تھی، بات کرتی تو منہ سے پورے لفظ نہ نکلتے، آخر جب خالہ مغلانی نے قرآن شریف کی، واری جاؤں نام کے، ہوادی اور استانی جی نے پنج سورہ اور لعل خاں ڈیوڑھی بان کی ماں نے لایلاف پڑھ کر دم کیا، جب قطامہ کے اوسان درست ہوئے، منہ سے پھوٹی کہ منجھلی سرکار للہ میری خطا معاف کریں مجھ سے بڑی چوک ہوئی۔ حضرت بی بی کے بچوں کا صدقہ درگزرو۔ جب اماں جان نے بگڑ کر کہا شفتل صدقے واسطے ہی دلائے جائے گی یا کچھ کہے گی بھی، تو کس طرح چبا چبا کے کہا ہے کہ سرکار عالیہ، میں نے منجھلے سرکار کی گردے کی جڑائی والی، ہیرے کی آرسی صبح فجر ہی نور ظہور کے تڑکے چھوٹی مہتابی والی صحنچی میں سے جب سلفچی آفتابہ اور لال کھاروے کا زیر انداز اٹھانے گئی یہ نگوڑی اندر سبھا رات کو عشا کے بعد وہیں بھول آئی تھی۔ تھا تو سیویرا ہی، میرا کلیجہ بھی کھرچ رہا تھا۔ میں نے کہا کہ دیکھوں کچھ رات کا بچا کھچا گنجینے میں دھرا ہو تو لے جا کر برتا دوں۔ ناگہانی ہونی شدنی کلنک کا ٹیکہ لگنا تھا اٹھالی، میرا اللہ گواہ ہے جو کوئی بھی نیت میں خلل ہو۔ ادھم اس کی مچے ہی گی اور حافظ جی بدھنی کی فال کھولیں گے دیکھوں کس کا نام نکلتا ہے۔ سنو جی کی بیٹی کس کا حلیہ بتلاتی ہیں، حضور یہاں سرکاریں ایسی بے پرواہ ہیں کہ کسی نے پلٹ کر سدھ بھی نہ لی۔ جھٹ پٹے کے وقت سے مجھے خیال ہوا کہ کچھ ذکر نکالوں اس کی بابت، پھر میں نے کہا کہ مجھے چپ ہی سادھ لینی چاہیے، دوسرے مجھے ملمع تولنا تھا اور مودی خانہ میں رکھنا تھا ادھر نانی فتن نے سارا محل سر پر

اٹھالیا کہ لوگو! غضب ہے جس سرکار، دربار میں یہ پر تھمی کی پر تھمی بھری ہو۔ ہتھیلی کا چھپھولا نہ پھوڑیں۔ ہلکے پانی نہ پئیں۔ نگوڑے سب کے سب بادشاہی احدی ہو گئے کہ ہلاؤ نہ جلاؤ ٹکڑے مانگ مانگ کھلاؤ۔ کھائیں اور مگرائیں۔ کرموجلیاں انعام اکرام کے وقت تو کیا کیا پل پل کے دشمنوں، بیریوں کی جان پر آتی ہیں، ایک ہے کہ اپنا حق خدمت جتاتی ہے، بھلا یہ بھی کوئی ڈھنگ ہے، کوئی رویہ ہے، کوئی قرینہ ہے کہ دونوں وقت ملنے کو آئے اور جنس اب تک باہر نہیں گئی۔ اب بھلا کس وقت وہ نمانا کرموں بندہ جنس سنبھالے گا اور کب پکار یندھ کر فارغ ہوگا۔ پھر وہی مدعیوں کی جان پر سر شام ہائے ہائے ہوگی، یہ معصوم معصوم پھول سے بچے خالی انتڑیوں ان نمک حراموں کی جان کو دعا دیتے ہوئے آرام کریں گے۔ اسی طرح نواب کہ جس کے دم کی ساری راون بھاون ہے۔ ان مستانی کے کلیجے میں چھری کٹاؤں ڈالنے کو وقت سے بے وقت کھانے کے مارے بھوک ماری جائے گی۔ بس کچھ یوں ہی سا جمی جم کھائیں گے۔ ان مال زادیوں کے گھرے ہیں، سارا اُلش انہیں غیبانیوں کے تلڑ میں گھسے گا۔ سرکار عالیہ میں جلدی جلدی جنس تول چھونک فرخندہ کے ہاتھ باہر باورچی خانہ میں بھجوا، نانی فتن کی پھپھا پھپھا اور تھوک پیک اڑتے دیکھنے چھوٹی سہ دری میں چلی گئی۔ وہ مجھے دیکھ کر اور تیز ہوئیں اور آئیں تو جائیں کہاں، ایک ایک گالی، سوا سوا من کی دے ڈالی اور میں جب ہنسی اور ہنستے ہنستے لوٹ گئی تو پیٹ میں بل پڑ گئے تو اور بھی آپے سے باہر ہوئیں۔ پن کٹی پٹخ ناک کے بانسے پر عینک کو رکھ اور اس کے ڈوروں کو پیچھے چٹیا کی طرف کھسکا، لکڑی ٹیکتی اٹھیں کہ بھلا رہ تو سہی خام پارہ میں خود نواب پاس چھوٹی محل سرائے میں جاتی ہوں اور قسم ہے مجھے تیس دھار دودھ کی جو نواب پر نثار کیں اور طلاق ہے اس بندی کی جنتی پر جو تیری پوری طرح کدبدیانہ بنوائی۔ ٹھیر جا بڑی چربیا گئی ہے۔ ابھی آن کے آن سدھروائے دیتی ہوں۔ میرا

بھی فتح النسا نام نہیں۔ اپنے نام کی میں بھی ایک بندہ بشر ہوں کسی مغل کی نہیں چمار کی جنی کہیو جو تیرے سارے مغز کی گرمی نہ چھٹوادی۔ وہ رسیوں سے بندھوا سائیسوں سے جو تیاں نہ لگوائی ہوں کہ تو بھی کدھی کو یاد کرے۔ لنکا کہیں کی چوٹی، جامع مسجد کی سیڑھیوں پہ کی شہدن، اڑوا بیگنی۔ او خو کیا کیا تھرکتی ہے۔ کیا کیا کلیں توڑتی ہے۔ بوٹی بوٹی پڑتی ناچتی ہے۔ خاک پہ بسم اللہ، اللہ نے دیکھ کے ہی بٹھا ہے۔ دیکھتی جا وہ چار چوٹ کی مار پٹواؤں کہ بند بند ڈھیلا ہو جائے، کھڑی پڑی کہروانا چے۔ اب تو ہی اس گھر میں براج لے یا میں رہ لوں۔ سرکار عالیہ! نانی فتن نے سرکار حضور سے شکایت کی دھمکی دی، میرے ہاتھوں کے طوطے اڑگئے۔ زمین کے سرے ٹٹولتی تھی۔ نانی فتن کے آگے ہاتھ جوڑے، توبہ کی، ناک رگڑی، اللہ رسول کے واسطے دیے، ہزاروں خوشامدیں درامدیں، منت سماجتیں کیں تب کہیں خدا خدا کر کے ان کا جوش اُترا، غصہ ٹھنڈا ہوا، نرم پریں، پسیجیں، چھوٹی حویلی میں تو نہ گئیں مگر ہاں بڑبڑ گھنٹوں کرتی رہیں۔ پھر میں اُٹھ درے میں خالہ ہپوٗ کے پاس جا بیٹھی، چھالیہ کترا ایک زردے کا ٹکڑا کھایا اتنے میں خاصے کا وقت آیا، مکھو سپڑ چن بہنگی سنبھال پتیلیاں لینے ڈیوڑھی پر گئی۔ میں نے شیدی کو پھلکوں کا آٹا رکوانے باہر دوڑایا اور خود چچی رحمت کے پاس کھانا اتروانے نعمت خانے کے قریب جا بیٹھی۔ وہاں کچھ بیٹھے بیٹھے نیند سی آئی۔ سونچی کہ تو نے ابھی صبح کے خرچ کو صراحیاں آب دار خانے میں سے نکال کر بجھیروں پر نہیں دھری ہیں۔ اس کام سے نچنت ہو کر سورہوں گی۔ اتنی بھی ہمت نہ پڑی اپنے حصے کی روٹی اور تصرف کا سالن دادی دلین کی پوتی سے لے لینے کو کہہ، اور اس سے آب حیات کو نکالنے اور بجھیروں پر رکھنے کو جتا، جا کر پڑ رہی۔ سرکار عالیہ! ذرا کی ذرا ہی آنکھ جھپکی ہو گی دیکھتی کیا ہوں کہ ایک بڑھیلا منھ میں دانت نہ پیٹ میں آنت آئی اور میری چھاتی پر چڑھ بیٹھی۔ بہتیرا اسے دونوں ہاتھوں

سے ہٹاتی ہوں، پاؤں بھی مارتی ہوں۔ دھکیلتی ہوں مگر وہ مریم سے ٹسیم نہیں ہوتی۔ آخر اسی ہشت مشت میں اس نے میری گردن کی طرف ہاتھ بڑھا مونڈے پر رکھ دیا اور کہا کہ چھوٹی چنبلی میری بچی کی آرسی ابھی اس کے حوالے کر ورنہ مونڈیا مروڑ کر رکھ دوں گی۔ سرکار میرا لہو خشک ہو گیا، چیخنے کی کوشش کرتی تو آواز نہ نکلتی۔ پھر میری آنکھ کھلی تو آپ لوگوں کو دیکھا۔ لیجیے یہ رہی آرسی۔ یہ کہہ نیفے میں سے نکال کر حوالے کی۔ نانی حضرت بڑی ناراض ہوئیں۔ کہنے لگیں ذوف ہے، لعنت ہے تجھ پہ خدا کی، دیکھا مردار چرانے کا مزا۔ وہ بے غیرت، دھویا دیدا، چکنا گھڑا، بوند پڑی پھسل گئی، بیٹھی ٹھی ٹھی ہنستی رہی۔ ہم لوگ تو پھر چلے آئے۔ صبح اس نامراد نے بے چاری ددا سوبھا کی فاتحہ مچھلی کی دھوون، ماش کے بڑوں اور انڈوں پر دلوادی۔ اس روز سے پھر کسی کے خواب میں نہیں آئیں مگر دیکھو پھیرا مرے پر بھی دیا۔ میری کوئی چیز ادھر سے اُدھر، جا سے بے جا ہوئے یا ذرا بھی میں آنکھوں سے اوجھل ہو جاؤں بس دیوانوں کی طرح سڑی سودائیوں کی طرح ہو جاتی تھی۔ اے ہے دیکھو! اچھوں کی یاد کرنے کے بعد بھی ہوتی ہے۔ سچ ہے چاند پیارا نہیں کام پیارا ہے۔ لو میں نے بھی بات کہاں سے کہاں لاڈالی۔ کہاں بیگم نیڈو کا سراپا کہاں ان کی جان سے دور ددّا سوبھا کارونا صورت اور زیور سے تو آشنا ہو گئیں اب لباس او رجو باتیں ان کے متعلق رہ گئی ہیں سب آگے چل کر بتائے دیتی ہوں۔

کنائے دار ہلکے موتیائی رنگ کی بنارس ساڑھی۔ کنارے پر دھنیے کی بیل اور متن پر برف کی بوٹیاں پڑی تھیں۔ چولی مرہٹی تراش کی تھی جس کی آستینیں خوب پھنسی پھنسی آدھے بازوؤں تک تھیں۔ چولی کا کپڑا بنارسی تھا جس کی زمین پہ پاس پاس گلاب اور مہوے کی سنہری بوٹیاں پڑی تھیں اور اس پہ کنارہ جو لگایا تھا وہ بھی بنارسی۔ جس کی بیل خدا جانے کس قسم کی جال کی تھی، لیکن چولی کا رنگ اور ٹکائی ساڑی ہی کے جواب کی

تھیں۔ ساڑی بمبئی کے طرز سے بندھی تھی۔ چاروں طرف خوب اچھا میٹھا جھول دیا ہوا تھا۔ لیکن اوڑھنے کا سرا معمولی ساڑھیوں سے بڑا تھا جس کے آنچل کو الٹے کھوے پر مہین مہین چنٹ دے کر اور پھول سوئی اٹکا کر سر پر سے لے جا کر پیچھے نیچے تک لٹکتا چھوڑ دیا تھا۔ جس سے بچھانے کی ڈھکن بڑی خوبی سے ہو گئی ہے اور بمبئی کی عام ساڑیاں جو پارسنیں باندھتی ہیں کہ پلو کا ایک سرا لے کر دائیں پہلو کی لپیٹ کے بعد گائی کے نیچے سے بائیں پہلو کی طرف اڑس لیتی ہیں اور دوسرا سرا پیچھے سموسہ نما لٹکا رہنے دیتی ہیں۔ اس میں وہ بات نہ رہی تھی (یعنی پیچھے سموسے کی طرح نہیں لٹکتا تھا) بلکہ دونوں سرے پیچھے ہی لٹکے ہوئے تھے۔ کان کے پاس کچھ سر گاہ کے آنچل کی جھوک تھی جس کو سروجنی صاحبہ اکثر بولتے وقت عجیب انداز سے دائیں کان اور ہنسلی کا سرا ڈھانکنے کے لیے بڑی پھرتی سے جھکا لیتی تھیں جو پھر حرکت سے آہستہ آہستہ کھسک کر پیچھے ہٹ جاتا تھا اور پھر وہ چٹکی سے پکڑ کر آگے کھسکا لیتی تھیں۔ پاؤں میں پیر سے اونچی ایڑی کی سیاہ بیگمی جوتی تھی۔ جس وقت یہ تقریر کرنے کھڑی ہوتی ہیں اس وقت کا عالم بیان سے باہر ہے۔ آواز میں ایک خاص قسم کی لرز تھی جو دلوں میں لرزش پیدا کرتی تھی۔ کبھی تو آواز رساں رساں اوپر چڑھ کر مہاوٹ کے بھورے بھورے بادلوں کی سی گرج پیدا کرتی تھی اور کبھی آہستہ آہستہ نیچے ہو کر ساون بھادوں کی باجرا پھوار کا مزا دیتی تھی۔ اور کبھی ایک جگہ قائم ہو کر سننے والوں کے دلوں کی متحرک موجوں میں چاند کے غیر مستقل عکس کا مزا دے جاتی تھی۔ یا یہ معلوم ہوتا تھا کہ گل مشکی کے تختے میں سونے موتیوں کا ہزارہ چھوٹ رہا ہے۔ جس کی صدہا پتلی پتلی دھاریں لب کے پاس ایک دوسرے سے بہت ہی قریب ملی ہوئی نکل کر اور اوپر پھیلتی ہوئی اور ایک دوسرے سے دور ہوتی ہوئی اور پھر ایک خاص قسم کی محراب بنا کر پھولوں کی نازک نازک کالی پنکھڑیوں پر گر کے اور تھوڑی دیر ٹھہر کر

اور اپنی چمک دکھا کے چھوٹے چھوٹے موتیوں کی ٹوٹی ہوئی لڑیوں کی طرح تختے میں چاروں طرف بکھر جاتی ہوں۔ جس وقت وہ جوش میں آن کر سر کو حرکت دے کر گردن کو اکڑاتی تھیں تو معلوم ہوتا تھا کہ بارش سے دھلے ہوئے ہرے کنچن سے جنگل میں ہرنی ہوا کے رُخ کھڑی کستوری کی بو لے رہی ہے۔ لفظوں کو پرزور اور پراثر بنانے کے لیے جب وہ مٹھیاں بھینچ کے اور ہاتھ ڈھیلے چھوڑ کے جو اکڑاتی تھیں اور جھومتی تھیں تو معلوم ہوتا تھا کہ سطح آب پر کنول کی تیرتی ہوئی بیلوں میں جل پری راج ہنسوں کے ساتھ کھڑی اٹھکیلیاں کر رہی ہے۔ پھر خاتمۂ تقریر کے بعد ان کا ایک دم فوراً ہی بیٹھ جانا اور دیوان میں تالیوں کا شور اور حاضرین کی چرغم چرغم بالکل جل پری کے کھیلتے کھیلتے فعتاً غوطہ لگا جانے اور جل کوؤں کے شور و غل کے مانند تھا۔ یا ان کا جھومنا ایسا معلوم ہوتا تھا کہ کسی ہری ہری دوب کے جنگل میں چاندنی چٹک رہی ہے اور ہوا کے جھونکے سے ہلتے ہوئے پتوں کی اوٹ میں پٹ بجنو کی چاندنی کے سامنے مدھم مدھم چمک میں ایک دو۔ کسی چٹان پر بیٹھے ہوئے گڈریے کی بین کی آواز پر کیچلی پھاڑ کر نئی نکلی ہوئی ناگن کا پھن پھیلا کر کھیلنے یا کسی گاؤں سے رات کے سناٹے میں پونگی کی آنے والی لہر پہ لہرا لینے کے مانند تھا اور پھر بولتے بولتے آناً فاناً میں کچھ جسم کو ڈھیلا چھوڑ کے کرسی، جو جگہ کی تنگی کی وجہ سے پیچھے ہٹائی گئی تھی تاکہ انہیں کھڑے ہونے میں سہولت ہو اور اس کا ہٹایا جانا انہیں یاد نہ رہا تھا، ایک پاس ہی پڑی ہوئی چوکی پر بیٹھ جانا۔ لہرا بند ہونے پر ناگن کے پھن سکیڑ کے پتوں پہ سے اوس چاٹنے کی طرح تھا۔

اور ہاں جب ہمارے کالج کے مشہور شاعر سہیل صاحب نے فارسی کا قصیدہ پڑھا ہے، اس وقت بیگم نیڈو کی پتلی پتلی انگلیاں خود بخود تال سر کے ساتھ کرسی پر، جس پر وہ بیٹھی تھیں، پڑنے لگیں۔ ایک تو قصیدے کے الفاظ ایسے تھے کہ جن کے ادا کرنے میں

خود بخود ایک راگ کی سہاؤنی آواز نکلتی تھی۔ پھر لفظ بڑے فصیح شان شوکت کے، بندشِ انوری اور قاآنی کی بندش سے پالا جمائے۔ سونے پہ سہاگہ سروجنی صاحبہ کی انگلیوں کی حرکت نے غضب کا سماں باندھ دیا۔

اچھی۔ کہوگی تو سہی کہ دوئی سب کی صورت بتائی لیکن سہیل صاحب کی بابت کچھ نہ بتایا۔ لو سنو، ایک مٹھی بھر کا سوکھا سہما مردوا، ہڈیوں کی مالا، مرزا مخنی، ہلکا پتا پھوک سے کوسوں دور جائے۔ بنارس کے پاس جو اعظم گڑھ ہے جہاں کے شبلی مرحوم رہنے والے تھے وہیں کے یہ بھی رہنے والے ہیں۔ ان کی شاگردی کا بھی انہیں شرف حاصل ہے، مگر بڑے میاں کی ارواح بھی ایسے قابل آدمی کے شاگرد ہونے پر ناز کرتی ہوگی۔

اے ہاں ایک بات اور یاد آئی۔ جس وقت سروجنی صاحبہ بول رہی تھیں تقریر ساری انگریزی میں۔ اور انگریزی وہ زوردار کہ خود انگریز منہ تکیں کہ یا اللہ کوئی رحمت کا فرشتہ ہے یا آزادی کا کھڑا بول رہا ہے۔ سارے لوگوں پہ وہ سناٹا جیسے اگن چھکے اور سارے پرند چپکے ہو کر بیٹھ رہیں۔ میں نے اپنے دل میں کہا کہ چل تو نے تو کئی دفعہ سنا ہے آج اور سننے والوں کا تماشہ دیکھ۔ اب میں نے جو لوگوں کی طرف آنکھیں دوڑائیں، کسی کی تو آنکھیں پھٹی کی پھٹی رہ گئیں تھیں اور کسی کا منھ کھلا کا کھلا رہ گیا تھا۔ ایک انگریز ذرا موٹا سا، سرخ سرخ لال چقندر سا رنگ، زرد زرد دانت نکوسے، منھ پھاڑے ایسا مبہوت ہو کے بیٹھا تھا کہ معلوم ہوتا تھا کہ دشمنوں کو سانپ سونگھ گیا۔ اے ہے کچھ عجیب ہی بے چارے کی صورت بن کے رہ گئی تھی کہ یہ دیکھے سے ہنسی آتی تھی۔

***

خواجہ احمد عباس

راجندر سنگھ بیدی

خواجہ احمد عباس میرے دوست نہیں۔ ان معنوں میں جن میں کہ دوست ہوتا ہے اور میرے خیال میں اسے ہونا چاہیے۔ مجھے اس بات کا افسوس ہے کہ میں نے ہمیشہ انہیں اپنا بزرگ اور پیش رو مانا اور یوں احترام کرتے ہوئے ٹال دیا۔ کچھ اسی قسم کا سلوک انہوں نے بھی میرے ساتھ کیا۔ ادبی سلسلے میں بارہا میری پیٹھ ٹھونکی، تحریری طور پر مجھے تسلیم کیا اور اس کے بعد ٹکسال باہر کر دیا۔ حال ہی کی بات ہے جب کہ میں نے انہیں اپنے ہاں آنے کی دعوت دی تو بلا تکلف انہوں نے مجھ سے پوچھا، "تم رہتے کہاں ہو؟"

عباس صاحب کی ہمدمی کا شرف بھی مجھے حاصل نہیں ہوا، جس میں میرا قصور ہے تو ان کا بھی۔ میرے خیال میں انہوں نے میری طرح دوستوں کا انتخاب امتیازی نظریہ سے نہیں کیا۔ ایک واضح ارادے سے کسی صحیح آدمی کو تو قریب لانے کی کوشش نہیں کی۔ جی ہاں صحیح آدمی کے سلسلے میں اگر میرا اشارہ خود اپنی طرف ہے تو چند دوسرے لوگوں کی طرف بھی جو نقد و نظر سے عباس صاحب کی بہتری کا سامان کر سکتے تھے اور خود بھی ان سے سیکھ سکتے تھے۔ جو بھی ان کے پاس آیا، انہوں نے آنے دیا۔ یہی نہیں۔ جو ان کے پاس سے گیا اسے جانے بھی دیا۔ پاس آنے والوں میں کچھ تو پہلے ہی پیر مغاں تھے اور اگر نہیں تھے تو عباس صاحب کے حسن سلوک نے ہمیشہ کے لیے انہیں بنا دیا۔۔۔ اور جانے

والوں کا تو ذکر ہی کیا؟

اس مودّب فاصلے کے باوجود میں کہہ سکتا ہوں کہ کم از کم مجھے ان کی ہم مشربی کا فخر حاصل ہے جس سے ہمدمی اور دوستی کہیں دور کی بات نہیں۔ پھر تھوڑا جاننے والے میں اتنا انکسار تو ہوتا ہے کہ وہ کسی کو جاننے کا حتمی دعوا نہیں کرتا۔ بر خلاف اس کے ہمیشہ ساتھ رہنے والا اس سلسلے میں بڑی بونگی باتیں کرتا ہے۔ جن سے پتا چلتا ہے کہ جو آدمی جتنا قریب ہوتا ہے، اتنا ہی دور بھی۔

زندگی میں کم ہی آدمی آپ نے ایسے دیکھے ہوں گے جن کی شکل پیدائش سے لے کر آخر دم تک ایک ہی سی رہی ہو۔ جس کی وجہ سے وہ بہت سے جرائم نہیں کر سکتے۔ میں نے عباس صاحب کو ان کے بچپن میں تو نہیں دیکھا لیکن اپنے فزیالوجی کے محدود علم کی بنا پر کہہ سکتا ہوں کہ اس وقت بھی عباس صاحب اپنے اس لائبریری اڈیشن کا پیپر بیک ہوں گے۔ اور کچھ نہیں تو پچھلے پچیس برس سے تو میں ان کا منہ دیکھ رہا ہوں۔ جہاں ذہنی طور پر ان کا قد بڑھا ہے، جسمانی طور پر آپ وہی کے وہی ہے ہیں۔ چہرے پر جس فہم و فراست کے نشان پہلے تھے، وہی اب بھی ہیں۔ ویسے ہی نگاہ اچٹ کر سامنے والے پہ پڑتی ہے۔ وہی مونچھوں کی ہلکی سی تحریر جس کے نیچے پتلے سے ہونٹ جو خفگی یا کھسیانے لمحوں میں کچھ اس طرح سے ہلتے ہیں کہ انہیں پھڑ پھڑانا کہا جا سکتا ہے اور نہ بھینچنا۔ ان کی ہنسی بے ساختہ ہے مگر ریشمی، جسے استعمال کرتے ہوئے وہ ایکا ایکی رک جاتے ہیں۔ معتبر آدمی کو زیادہ ہنسنا نہیں چاہیے! سر پر کے بال پہلے ڈھائی تھے، اب دو رہ گئے ہیں۔ اس کے باوجود سکھوں کے خلاف نہیں۔ بلکہ کئی دفعہ میں نے انہیں کسی سکھ کو رشک کی نگاہ سے دیکھتے ہوئے پایا ہے۔

لباس میں سادگی ہے اور استغنا کا فن بھی۔ ان کی عام نشست و برخاست کو دیکھ کر

پتا چلتا ہے کہ زندگی میں تاکید تکلفات پر نہیں، کچھ اور ضروری باتوں پر ہے، جس میں ادب، صحافت، فلم، سیاست اور دوسری بیسیوں قسم کی سماجی ذمہ داریاں شامل ہیں۔ دنیا کے موجودہ سیاسی نظام میں اگر انہیں اسرائیل اور متحدہ عرب جمہوریہ کے درمیان چننے کا حق دیا جائے تو وہ یقیناً عرب جمہوریہ کو چنیں گے۔ صدر جمال عبدالناصر کی پیروی کریں گے لیکن شکل ہمیشہ اسرائیل کے بین گورین سے ملے گی۔

میں نے عباس صاحب کو پہلی بار لاہور میں دیکھا جہاں وہ اپنے صحافی دوست ساٹھے کے ساتھ کوئی فلم بنانے کے سلسلے میں آئے تھے۔ یہ دونوں دوست انڈین پیپلز تھیٹر کی تحریک کا حصہ تھے، جس کے ایک جلسے میں، میں عباس صاحب کو دیکھنے چلا گیا۔ ان دنوں لاہور کے لارنس باغ میں ایک نیا اوپن ایر تھیٹر قائم ہوا تھا جہاں خوب ہی ہنگامہ تھا۔ معلوم ہوتا تھا کبھی نہیں تو ادھ کبھی ضرور ہے۔ چنانچہ عباس صاحب کو دیکھنے کے سلسلے میں مجھے خوب دھکے پڑے۔ خیر، دھکوں کی بات چھوڑیے، وہ تو زندگی کا حصہ ہیں۔ ہم سب دھکے کھاتے ہیں۔ کبھی مل کر اور کبھی الگ الگ۔ ایک بار پہلے بھی جب لاہور کے بریڈلا ہال میں مہاکوی ٹیگور کو دیکھنے گیا تھا تو اس سے بھی برا سلوک ہوا۔ بھگدڑ میں سیکڑوں پیروں کے نیچے دَلا گیا۔ جب بھی میں نے یہی سوچا تھا کہ کیا بڑے آدمی کو دیکھنے کے لیے خود چھوٹا ہونا ضروری ہے؟

اس جلسے میں عباس صاحب ایک ممتاز حیثیت رکھتے تھے۔ اس لیے نہیں کہ باقی کے فضول اور بے کار قسم کے مرد تھے۔ ان میں عورتیں بھی تھیں اور عباس صاحب سب سے ملتے اور سب سے باتیں کرتے پھر رہے تھے، جسے صحافت کی زبان میں کہا جاتا ہے، "اور وہ آزادانہ مہمانوں میں گھومتے اور ان سے ملتے جلتے رہے۔"

ایسا معلوم ہوتا تھا عباس صاحب کسی کا دل توڑنا نہیں چاہتے۔ ایسا کریں گے تو ان کا

اپنا دل ٹوٹ جائے گا۔ اس عمل میں انہیں کتنا ہی بولنا، کتنا ہی وقت ضائع کرنا پڑا۔ وہ اس بات کو بھول ہی گئے اور آج تک بالعموم بھولے ہوئے ہیں کہ جب تک وہ کسی کا دل نہیں توڑیں گے، بات کیسے بنے گی؟(دل "بدست آور" کہ حج اکبر است!)

جب عباس صاحب کے چہرے پر ایسی ہی طمانیت برستی تھی، جس سے پتا چلتا تھا کہ بعد میں وہ "آزاد قلم" ہو جائیں گے اور فلموں میں رہے تو "آزاد فلم۔" ایک نقطہ اور بھی کم۔ ان کے چہرے پر سب سے اوپر عقیل اور آزادروی کے نقوش تھے۔ اس سے نیچے پی سی جوشی کی پارٹی لائن اور سب سے نیچے مہاتما گاندھی کی 'تلاش حق۔' پوری کی پوری، جو چھٹپٹا کر سب سے اوپر چلی آئی تھی۔

اسی دن مجھ پر اس بات کا انکشاف ہوا کہ کسی آدمی کی بڑائی سے بچنے کے لیے اس سے ذاتی طور پر مل لینا ضروری ہے۔ اسے چھو کر دیکھنا لابدی ہے، چاہے وہ ہاتھ ملانے کی صورت ہی میں کیوں نہ ہو۔ اس عمل میں اس بات کا یقین ہو جاتا ہے کہ وہ بھی ہماری ہی طرح کا انسان ہے۔ صرف اس نے زندگی کے خاص شعبے میں حد سے زیادہ محنت اور ریاضت کی ہے اور ہم نے نہیں کی۔ کریں تو ذہنی طور پر بھی ہم ان سے ہاتھ ملا سکتے ہیں۔ ورنہ ہم اپنے ذہن میں ایسے آدمی کو کچھ ایسے مافوق الفطرت انتسابات دے دیتے ہیں کہ وہ خواہ مخواہ ہمیں بامن او تار سو گزا معلوم ہونے لگتا ہے۔ پھر اسے انسان کی تربیت میں دیکھ کر، عام انسانوں کی سی حرکتیں کرتے پاکر ہمارا طلسم ٹوٹ جاتا ہے، جس میں اس بچارے بڑے آدمی کا تو کچھ بگڑتا نہیں، ہمارا اپنا قد پہلے سے بھی چھوٹا ہو جاتا ہے۔

عباس صاحب سے مصافحے کے بعد کم از کم ایک بات کی تسلی تو ضرور ہوئی کہ جسمانی طور پر ان کا قد مجھ سے بڑا نہیں۔ البتہ رنگ گورا ہے۔ لیکن کبھی تو افریقی قومیں میرا ہاتھ پکڑ کر اٹھیں گی اور گوروں کا جوا اتار پھینکیں گی (چنانچہ آج میری پیشین گوئی

کتنی پیغمبرانہ ثابت ہو رہی ہے!) رہی ذہنی قد کی بات تو ورزش سے وہ بھی ٹھیک ہو جائے گا۔

ان دنوں عباس صاحب نے ابابیل نام کی ایک کہانی لکھی تھی جس کا مجھ پر بہت رعب پڑا تھا۔ لائم او فلاہرٹی نے پرندوں کے بارے میں کچھ خوبصورت افسانے لکھے تھے، لیکن عباس صاحب کا افسانہ "ابابیل" ان پر بیس تھا۔ جب میں ڈاک خانے میں بابو (بیک نقطہ پیش، یا بو شود!) تھا اور میرے نزدیک کاؤنٹر پر منی آرڈر بک کروانے والے سے لے کر عباس صاحب تک، سب انگریز وائسرائے کی ایگزیکٹو کونسل کے ممبر تھے۔ چنانچہ میں نے لکنت سے پٹی زبان میں افسانے کی تعریف شروع کی۔ عباس صاحب خوش تو ہوئے لیکن پھر انکسار میں ٹال گئے اور میری کہانیوں کی باتیں کرنے لگے اور میں بھول ہی گیا کہ ابھی مجھے ان کی ایک اور کہانی "ایک پاؤلی چاول" کی بھی تعریف کرنا ہے۔ میں خود بھی اپنے افسانوں کی باتیں کرنے لگا۔ میں کس قدر گرا پڑا ہوں گا، کہ انکسار ان دنوں میرے لیے بہت بڑی عشرت کی بات تھی، جیسے عباس کی تعریف میرے نزدیک بہانہ محض تھی۔ اپنی باتیں کرنے کے لیے جب میں عباس صاحب سے مل کر آیا تو مجھے پتا چلا کہ میرے اس وقت جانے بوجھے بغیر انہوں نے اپنی عظمت کا کچھ حصہ مجھے بھی دے دیا ہے۔ میں گورا نہیں ہوا تو لمبا ضرور ہو گیا ہوں۔

اور یہ عباس صاحب میں امتیازی بات ہے۔ ادیبوں میں (میرے سمیت) کم آدمی آپ کو ایسے ملیں گے جو اپنی باتیں کم کریں گے اور دوسروں کی زیادہ۔ ایک دوسرا شخص جو لوگوں کو بظاہر "انا" سے معمور معلوم ہوتا ہے، وہ۔۔۔ اوپندر ناتھ اشک۔ میں جب بھی ان دوستوں سے ملا ہوں، مجھے پتا چلا ہے کہ ادب کے آسمان پر کوئی نیا ستارہ طلوع ہوا ہے۔ یہ اسی کا تذکرہ کرتے ہیں، اس کی چیزیں پڑھ کر سناتے ہیں یا پڑھواتے ہیں۔ تھوڑی

سی بحث کے بعد مان بھی جاتے ہیں کہ وہ ستارہ ابھی طلوع ہونے کی کوشش کر رہا ہے۔ لیکن اس کا نتیجہ یہ نکلتا ہے کہ میں ڈر، محض ڈر کے جذبے سے اس ادیب کی طرف متوجہ ہوتا ہوں۔ چونکہ ڈر کوئی اثباتی جذبہ نہیں، اس لیے یا تو وہ ادیب مجھے تالستائی اور چے خف سے بھی بڑا معلوم ہونے لگتا ہے اور یا پھر اپنے سے بھی چھوٹا۔ میری طرح کے جاگیر دارانہ ذہن رکھنے والے اور بھی بہت سے ادیب ہیں لیکن ایک فرق ہے۔ میں اپنی اس کمزوری کو جانتا ہوں اور اسے دور کرنے کی کوشش بھی کرتا ہوں لیکن ان میں سے اکثر جانتے ہیں، نہ کوشش کرتے ہیں۔ خیر، وقت بڑے بڑوں کو ٹھیک کر دیتا ہے اور میں اپنے آپ سے مایوس نہیں۔

یہ بات نہیں کہ عباس صاحب اور اشک میں انا نہیں۔ ارے صاحب ہے اور بہت ہے۔ لیکن اسی قدر جس قدر اسے تخلیقی عمل کے لیے ہونا چاہیے اور وہیں جہاں اسے ہونا چاہیے، جیسے اکثر لوگوں کا سیکس تمام تر سر میں ہوتا ہے اور ایک معزز خاتون کے مطابق۔۔۔ وہاں نہیں جہاں اسے ہونا چاہیے۔ عباس صاحب میں انا اتنی ہی ہے جس میں وہ اپنی ذات کو پہچان سکیں۔ دوسروں سے الگ، اور دوسروں کے بیچ۔ یہ الگ بات ہے کہ ہمارے بہت سے ادیب ساتھی لکھاڑ ہی بہت ہیں۔

میں نے عباس صاحب کے بہت سے افسانے پڑھے جن میں سے کچھ یاد ہیں اور کچھ بھول گیا۔ بھول جانا شعور کے سلسلے میں رائے ہو تو ہو لیکن انسانی دماغ ایک کمپیوٹر نہیں۔ اس سے بہت بلند ہے جس کی تفصیل یا بحث اس مضمون کا حصہ نہیں۔۔۔ عباس صاحب کا افسانہ 'بارہ بجے' تو میں بھول ہی نہیں سکتا۔ ایک تو اس لیے کہ اس سے میرا براہ راست تعلق ہے (اگرچہ میں داڑھی کاٹنے اور سگریٹ پینے والا سکھ ہوں) دوسرے اس لیے کہ یہ افسانہ پنجاب کے فسادوں سے متعلق تھا جن میں سے میں بھی گزرا ہوا ہوں اور ریل کی

چھت پر ننگے بدن بیٹھ کر تقسیم کے وقت ہندستان پہنچا ہوں۔ اس افسانے میں عباس صاحب نے اپنے ہی طرز کی حسابی مساوات میں برابر کے سکھ اور مسلمان مارے تھے۔ لیکن اس پر بھی سکھوں کی تسلی نہ ہوئی اور مجھے اپنی قوم سے غداری کرتے ہوئے عباس صاحب کے حق میں بیان دینا پڑا۔ آخر میں عباس صاحب کی جان بچ گئی۔ اب، آپ نے بھی عباس صاحب کو پڑھا ہے، ان کی فلمیں دیکھی ہیں۔ آپ ہی فیصلہ کیجیے کہ میں نے اچھا کیا یا برا؟

جب تک عباس انڈین پیپلز تھیٹر کے دوسرے ساتھیوں سے مل کر ہندستانی فلم کلاسیک "دھرتی کے لال" بنا چکے تھے۔ نہ صرف یہ کہ "دھرتی کے لال" پہلی ہندوستانی REALISTIC فلم تھی بلکہ اس نے اپنے ملک کے سوئے ہوئے لوگوں کو جھنجھوڑا اور بیرون ملک کے باشندوں کی توجہ اس المیے کی طرف دلائی جس کا نام اس زمانے کا ہندستان تھا۔ "آج کل" بھی تکمیل پا چکی تھی۔ اس میں بھی عباس صاحب کے ان افسانوں اور ناولوں کی قسم کا ایک پیغام تھا جو تائید کی کثرت سے پیغام نہیں رہ جاتا، آدمی کو چڑا دیتا ہے۔ کیونکہ وہ اپنے آپ کو بدصورت نہیں سمجھنا چاہتا۔ "انہونی" پہلی غیر جانب دار فلم تھی جو بہت حد تک کامیاب رہی۔

تقسیم کے بعد میں بمبئی چلا آیا تو اکثر عباس صاحب سے ملاقاتیں ہوئیں۔ ہماری ترقی پسند تحریک ان دنوں شباب پر تھی۔ عباس صاحب اس کے راہبر تھے اور راہی بھی۔ کبھی انہیں اس تحریک کی زیادتی معلوم ہوتی تھی اور اکثر کمی۔ مجھے وہ دن یاد ہے جب کہ غریبوں اور ناداروں کے حق میں ایک مبلغ کی حد تک شور مچانے والے عباس صاحب کو پارٹی مینڈیٹ کے مطابق تحریک سے عاق کر دینے کی کوششیں ہونے لگیں۔ تب میں نے پہلی مرتبہ عباس صاحب کو اس قدر غصے میں دیکھا جب ان کے ہونٹ بھنچ بھی رہے

تھے اور پھڑ پھڑا بھی رہے تھے۔ چہرہ لال ہو رہا تھا اور وہ تیز تیز باتیں کیے جا رہے تھے۔ آواز جو پہلے ہی کھسیائی ہوئی تھی اور کھسیا گئی لیکن پانی پت کا ہونے اور اپنے آپ کو پنجابی کہلوانے کے باوجود عباس صاحب کے منہ سے ایک بھی گالی نہ نکلی۔ کیونکہ وہ تہذیب کا تقاضا نہ تھا۔

ان دنوں ہم "چور" کا رول ادا کر رہے تھے اور دیکھ رہے تھے کہ جس طرف پلڑا بھاری ہو، جھک جائیں۔ کچھ ہمت اور شخصیت کی کمی اور کچھ دماغی ابطال۔ بس جو اسٹالن نے کہہ دیا وہ آسمانی صحیفہ ہے۔ کبھی کبھی محسوس بھی کرتے تھے کہ یہ سیل (CELL) کیا بلا ہے؟ جس میں بیٹھے ہوئے لوگ عالم کل ہیں، ہمیں سنے بغیر ہی ہماری قسمت کا فیصلہ کر ڈالتے ہیں؟ جس کے سامنے سر جھکانا ہی پڑتا ہے ورنہ آپ تحریک سے خارج، حالانکہ آپ کی تحریک کا پارٹی سے کوئی تعلق نہیں، کم از کم براہ راست نہیں۔ اس پہ طرفہ یہ کہ غلط فیصلہ کرنے کی صورت میں بچ بھی نکلتے ہیں۔ کیونکہ وہ فیصلہ ایک آدمی کا نہیں، کئی پنچوں کا ہوتا ہے اور آپ تو جانتے ہیں پنچ پر میشور ہوتا ہے۔ پھر ہوشیاری کا یہ عالم کہ ان پنچوں میں ایک ادیب قسم کا آدمی بھی ہوتا ہے۔ ایسا آدمی جو ادب اور فن اور اس کے عوام کے لیے مفید یا غیر مفید ہونے کی سب حدیں جانتا ہے اور پھر اس قدر لوچ بھی ہے کہ برسوں بعد پارٹی لائن کے غلط ہونے پر بھی معافی مانگ سکے۔۔۔

میں تو اپنی ناسمجھی اور کمزوری کی وجہ سے خائف تھا لیکن دوسرے بھی خاموش تھے، جو مجھ سے بھی زیادہ ڈرے ہوئے تھے۔ وہ عباس صاحب کے منہ پر کھری کھری سناتے تھے اور بعد میں اس کا تذکرہ کر کر کے خوش ہوتے تھے۔ اپنی ہمت پہ خود حیران۔ لیکن عباس صاحب کو ان کی اور اپنی تحقیق کی بہ نسبت اپنے جذبے پر یقین تھا۔ اس لیے نہیں کہ وہ اسٹالن سے لے کر کیفی اعظمی تک اپنے آپ کو زیادہ قابل سمجھتے تھے، بلکہ اس

لیے کہ حقیقت پر پہنچنے کے لیے ان کے پاس ایک ہی کسوٹی تھی۔۔۔ محبت۔۔۔ جسے صحیح آدمی کبھی کبھی خود بھی شک اور شبہ کی نظر سے دیکھتا ہے اور سرکس کے روپ واکر کی طرح زندگی کے رسے پر اپنے آپ کو فکر اور جذبات کے درمیان متوازن رکھنے کی کوشش کرتا ہے۔ بہرحال اپنے آخری تجزیے میں وہی کسوٹی نسبتاً ٹھیک اترتی ہے کیونکہ اس کے پیش نظر ادب اور سیاست ریاضی کے گنجلک سوال نہیں رہ جاتے اور نہ انسان کے سیدھے سادے مسئلوں کی توضیح و تفہیم اسٹالن کے پرجز کی صورت اختیار کر لیتی ہے اور نہ چاؤ ماؤ کی طرح ہندستان پر حملے کی۔ تاکہ روس کے کان ہوں۔۔۔ چنانچہ ان سب باتوں کے باوجود عباس صاحب کے قدم اپنے رستے سے نہ ڈگمگائے۔ لیکن، جب تک، بقول شخصے، بہت سا پانی ہمارے دریاؤں میں بہہ گیا تھا۔

ہمارے دوسرے بہت سے دوستوں کی طرح عباس صاحب بھی مقصدی ادب کے قائل ہیں۔ اس سلسلے یں اگر کوئی دل اور دماغ کو ہم آہنگ کر کے لایا تو نتیجہ اچھا نکلا ورنہ محض آواز ہو کر رہ گیا، بلکہ شور۔۔۔ عباس صاحب کے کئی افسانے اور دوسری تحریریں ایسی بھی ہیں جو مؤثر نہیں ہوتیں اور اگر ہوتی ہیں تو کردار کے اعتبار سے سخت خارجی، ہنگامی پہلو لیے ہوئے، جس کے باعث ان کی گونج جلد ہی معدوم ہو جاتی ہے۔ لیکن ان کے مقصد اور دوسروں کے مقصد میں بھی فرق ہے۔ انہوں نے لڑکی کے سہارے تو ایک طرف، لکڑی کے سہارے بھی انقلاب تک پہنچنے کی کوشش نہیں کی اور نہ اس عمل میں بہت سوں کی طرح منقلب ہوئے ہیں۔ نہ انہوں نے زبان اور جمالیات کو اپنے معنی پہنائے ہیں بلکہ اپنے مقصد کی جستجو میں کچھ یوں سیدھے گئے ہیں کہ ادھر ادھر بھی نہیں دیکھا۔ حالانکہ نظروں سے راستے کی تزئین کرتے جانا عین فن ہے۔

ان کی بہت سی تحریریں پڑھ کر مجھے یوں لگا جیسے عباس صاحب بہت جلدی میں

ہیں۔ انہیں ایک کام تھوڑا ہی ہے؟ سیکڑوں ہیں۔ ان کے پاس وقت نہیں اور زمانہ ہے کہ تیز سے تیز تر ہوتا جارہا ہے اور اس کے ساتھ اپنی رفتار قائم رکھنا ایک خالص سائنسی عمل ہے۔ میں اس بات کو فلسفیانہ سطح پر لاتے ہوئے عرض کروں گا کہ وقت کو تھامنا ہی پڑے گا۔ ورنہ ہم کچھ نہیں کر سکتے۔ جیسے ہمارے بڑوں نے مٹسون کے ذریعے گویائی تھام لی تھی اور یکسوئی اختیار کر کے کالی بھگوان کی مار سے بھی پرے چلے گئے تھے، اسی طرح کا عمل ہمیں بھی روا رکھنا ہو گا۔ ہم ادیبوں کا کاواسٹاک اور ہمارا راکٹ یہی ہے کہ جس پر سوار ہو کر مہر وماہ سے بھی اوپر جا سکتے ہیں۔۔۔ ایک دن آئے گا جب کہ جدلی مادیات کے دعویداروں کو بھی مقصد کی تحلیل اور اس کے اندرونی تضادات کو خاطر میں لانا پڑے گا۔

عباس صاحب کی نجی زندگی کے بارے میں اتنا ہی جانتا ہوں کہ ان کی بیگم۔۔۔ مرحومہ بھی ایک نہایت ہی پیار کرنے والی عورت تھیں۔ ہم ادیبوں سے وہ بھائیوں کا سا سلوک کرتی تھیں۔ جوہو میں میرا ایک کمرہ ہوا کرتا تھا، جہاں میں بیٹھ کر اپنا کام کیا کرتا۔ عباس صاحب کا گھر راستے میں پڑتا تھا۔ کبھی ان کے ہاں رکتا تو وہ بڑی شکایت کرتیں کہ قریب سے گزر جاتے ہو، آتے تک نہیں۔ ان کی وفات سے ہمیں قلق ہے، تو عباس صاحب کے بارے میں آپ اندازہ لگا سکتے ہیں۔

جنسی زندگی کے بارے میں عباس صاحب کا نظریہ ایک عام، نارمل مہذب آدمی کا نظریہ ہے۔ وہ زندگی کے اس حصے کو بالکل منفرد سمجھتے ہیں۔ انگریزی قول کے مطابق نہ تو وہ کسی کے گندے کپڑے پبلک میں دھوتے ہیں اور نہ اپنے دھونے دیتے ہیں۔ مطلب، اگر ان کے پاس ایسے کپڑے ہیں تو۔۔۔! (ضرور ہوں گے)

ایک چیز جس نے عباس صاحب کے سلسلے میں مجھے ہمیشہ درطہ حیرت میں ڈالا ہے،

وہ ہے ان کے کام کرنے کی حیرت انگیز طاقت و قوت۔ کہانی لکھ رہے ہیں اور ناول بھی۔ قومی یا بین الاقوامی سطح پر فلم بھی بنا رہے ہیں اور صحافت کو بھی سنبھالے ہوئے ہیں۔ بلٹز کا آخری صفحہ تو بہر حال لکھنا ہی ہے، لیکن ساتھ ہی خروشچوف کی سوانح بھی ہو گئی۔ پنڈت نہرو سے بھی مل آئے جن سے عباس صاحب کے ذاتی مراسم ہیں۔ پھر پینتیس لاکھ کمیٹیوں کا ممبر ہونا سماجی ذمہ داری کا ثبوت ہے۔ اور یہ بات ممبر شپ تک ہی محدود نہیں۔ ہر جگہ پہنچیں گے بھی تقریر بھی کریں گے۔

پورے ہندستان میں مجھے اس قسم کے تین آدمی دکھائی دیتے ہیں۔۔۔ ایک پنڈت جواہر لال نہرو، دوسرے بمبئی کے ڈاکٹر بالیگا اور تیسرے خواجہ احمد عباس۔ جن کی یہ قوت اور استعداد ایک عام آدمی کی نہیں۔ چنانچہ جب میں نے ایک بار عباس صاحب کے سامنے اس حیرت کے جذبے کا اظہار کیا تو انہوں نے معمول کے رسمی انکسار سے ٹال دیا اور بولے، "جبھی تو ہر بات میں پتلا پن ہے" اور پھر مسکرا کر میری طرف دیکھتے ہوئے بولے، "آج کل کیا لکھ رہے ہو؟"

بیچ میں کسی نے ٹوک دیا۔ اس لیے عباس صاحب نے میری آنکھیں نہ دیکھیں جو نمناک ہو گئی تھیں۔ ان سے میری پہلی ملاقات اور اس ملاقات میں بیس پچیس برس کا وقفہ آچکا تھا اور میں اپنے بارے میں کم بات کرنا سیکھ چکا تھا۔

***

حسرت موہانی

رشید احمد صدیقی

ان کی گول چھدری ڈاڑھی، ان کی باریک آواز، ان کی چھوٹے تال کی عینک، بغیر پھندنے کی ترکی ٹوپی، گھسی پسی چپل، موزوں سے کوئی سروکار نہیں، موٹے کھدّر کی ملگجی پیوند لگی کاواک سی شیروانی جس کے اکثر بٹن ٹوٹے یا غائب، ہاتھ میں بدرنگ ساجوٹ کا ایک جھولا، دری تکیہ اور موٹی چادر، مختصر بستر، ٹیڑھا میڑھا پرانا چھوٹا سا ایک ٹرنک اور تاملوٹ، یہ تھے حسرت۔

لیکن کس قیامت کا یہ آدمی تھا۔ محشرِ خیال نہیں محشر عمل۔ جس بات کو اپنے نزدیک حق سمجھتا تھا اس کو کسی بغیر تامل کے، بغیر گھٹائے بڑھائے، بغیر ہموار کیے بغیر مصلحت یا موقع کا انتظار کیے، بے ساختہ زبان، بغیر پلک جھپکائے، مخاطب افلاطون ہو یا فرعون، اس کے سامنے کہہ ڈالنا حسرت کے لیے معمولی بات تھی۔ ایسا نڈر، سچا، محبت کرنے والا اور محبت کا گیت گانے والا اب کہاں سے آئے گا۔ کسی سے نہ دبنے والا، ہر شخص پر شفقت کرنے والا، زبان کا فیاض، شاعروں کا والی، غزل کا امام، ادب کا خدمت گزار۔ کیسی سچی بات ایک عزیز نے کہی کہ سیاست کوئلہ کا کاروبار ہے جس میں سبھی کا ہاتھ اور بہتوں کا منھ کالا ہوتا ہے سوائے حسرت کے۔

حسرت شخص کے اعتبار سے نہایت انتہا پسند واقع ہوئے تھے ان کے یہاں تضاد کی

بھی کمی نہیں لیکن ان کی شاعری میں جو توازن، تازگی اور ترنم ملتا ہے وہ کم شعرا کے نصیب میں آیا ہے۔ مذہب اور سیاست میں کٹر ہونے کے باوجود شاعری میں حسرت کس درجہ شیریں نوا اور شریف النفس اور زندگی میں کیسے درویش صفت اور تیغ اصیل تھے۔

حسرت علی گڑھ کالج کے بڑے ذہین اور ہونہار طالب علم تھے۔ انگریز دشمنی میں نکالے گئے۔ علی گڑھ میں سودیشی کپڑے کی دکان رکھ لی۔ غالبؔ پر حاشیہ لکھا، اردوئے معلّٰی کی ایڈیٹری کرتے رہے اور ان مشغلوں سے جو کچھ روکھا پھیکا میسر آجاتا اسی پر اکتفا کرتے اور دنیا کی تمام عیش و کامرانی کو ٹھکرائے، فریب و فرعونیت پر گرجتے اور حسن و عشق کا راگ گاتے رہے۔ کسی صاحب دولت کا زہرہ نہ تھا کہ محبت اور مسکنت کے اس بوریہ نشین اور عزیمت اور صداقت کے اس نقیب و ناخدا سے آنکھ ملا سکے۔ دیسی کھرّے مٹیالے کاغذ پر اردو کے مشاہیر، کم نصیب گوشہ گیر اور تقریباً بھلائے ہوئے شعرا کے کلام کا انتخاب شائع اور ان کی خدمات کو اجاگر کرتے رہے۔

وہ زمانہ علی گڑھ کالج کے بڑے دبدبے اور طنطنے کا دور تھا۔ کیسے کیسے طلبا یہاں تھے جو بڑے بڑوں کو خاطر میں نہ لاتے تھے۔ بحیثیت طالب علم حسرت یہاں جس ہیئت کذائی سے تشریف لائے اور جس طرح ان کا مذاق اڑایا گیا وہ آج تک زبان زد ہے۔ بازو پر امام ضامن بندھا ہوا، مشروع کا پاجامہ، ایک بڑا پان دان، ساتھ لڑکوں میں خالہ امّاں کے نام سے مشہور ہوگئے۔ لیکن یہی حسرت اپنی ذہانت، جرأت اور صداقت میں ایسے کھرے ثابت ہوئے کہ ساتھیوں کی آنکھ کا تارا بن گئے۔ علی گڑھ کالج میں بحیثیت طالب علم، بدیسی حکومت سے سب سے پہلے خالہ اماں ہی نے ٹکرّلی۔ کالج میں ہلچل مچ گئی اور حسرت نکالے گئے۔ اس زمانہ میں بغاوت اور آزادی کے کھرے علمبردار جنوب میں بال گنگادھر تلک، مشرق میں اروند گھوش اور شمال میں لالہ لاجپت رائے تھے۔ یوپی میں حسرت نے

اس مشعل کو علی گڑھ سے روشن کیا۔

کسی کا اس زمانے میں حسرت سے تعلق رکھنا انگریزی حکومت کے قہر و عتاب کا موجب ہوتا تھا۔ لیکن مجھے اچھی طرح یاد ہے علی گڑھ کالج کے اچھے سے اچھے طالب علم حسرت کی خدمت میں عقیدت کا نذرانہ پیش کرنے ضرور حاضر ہوتے اور اس پر فخر کرتے کہ حسرت نے ان کو اپنے بوریے پر بٹھایا۔ شفقت اور محبت کی باتیں کیں اور اپنا کلام سنایا۔ اساتذۂ سخن کے کلام اور شعر و ادب کی باریکیوں اور نزاکتوں سے آشنا کیا۔

گزشتہ ۳۵، ۳۶ سال میں جو لوگ علی گڑھ سے فارغ التحصیل ہو کر پبلک لائف میں داخل ہوئے اور نام پیدا کیا ان میں کوئی ایسا نہیں جس کو میں نے بہت قریب سے نہ دیکھا ہو اور ان کو اچھی طرح جانتا پہچانتا نہ ہوں۔ علی گڑھ میں رہتے بستے ایک عمر ہوئی۔ یہاں کی زندگی کا کون سا ایسا پہلو ہے جو نظر سے نہ گزرا ہو اور کون سی نعمتیں ہیں جو یہاں میسر نہیں آئیں۔ یہاں کے اکثر طالب علم سیاسی عقائد کی بنا پر یہاں سے نکالے بھی گئے۔ ایسوں کا یہاں سے بیزار ہونا فطری تھا لیکن اس وقت دو ہستیاں ایسی یاد آتی ہیں جو یہاں سے جس عقیدے کی بنا پر نکالی گئیں اس کی انھوں نے تمام عمر پیروی کی، ہزار عقوبتیں جھیلیں لیکن اپنے راستے سے نہ ہٹے۔ ان میں ایک حسرت ہیں "خالہ جان" کے عہد سے لے کر خاتمہ بالخیر ہونے تک بے غرضی، جفاطلبی، حق گوئی، خداترسی اور آزادی کے راستہ کو لمحہ بھر کے لیے بھی نہیں چھوڑا۔ کیسے کیسے آلام اور آزمائش سے گزرے۔ دو چار سال نہیں، نصف صدی سے اوپر، لیکن دامن کہیں سے ملوث ہوا، نہ اپنی نظر کو نیچی ہونے دیا نہ اپنے عقیدت مندوں کی نظر کو۔

خدا رحمت کند ایں عاشقان پاک طینت را

اپنی قید و بند کی زندگی کا حال انھوں نے اپنے رسالے "اردوئے معلّٰی" میں بالاقساط

لکھا ہے جس میں اس عہد کے حالات و حوادث اور جیل خانے کی زندگی سے متعلق بڑے پتے کی باتیں لکھیں ہیں، پڑھنے کی چیز ہے۔

کئی سال ہوئے حسرت نے علی گڑھ میں شعر و شاعری سے متعق اپنا نقطۂ نظر ایک مقالے کی شکل میں پیش کیا تھا۔ یونین میں شائقین کا بڑا اچھا اور ستھرا مجمع تھا۔ حسرت نے بڑی تفصیل اور بڑی قابلیت سے شاعری کی اقسام بتائی تھیں۔ بہت سے ایسے لوگ بھی تھے جو حسرت سے بڑی عقیدت رکھتے تھے لیکن حسرت نے ہر طرح کی شاعری پر جس شاعرانہ نقطۂ نظر اور عالمانہ اندازِ فکر سے جو باتیں بیان کی تھیں اور ان کے جواز پر زور دیا تھا ان سے بعض ثقات کے معتقدات کو جھٹکے لگے۔ ان کو اس پر تعجب ہوا کہ حسرت جو زندگی میں اتنے خشک اور سپاٹ مذہبی معتقدات میں اتنے کٹر اور سیاسی نقطۂ نظر میں اتنے بے لچک تھے وہ غیر ثقہ شاعری کی حمایت کیسے کر رہے تھے۔ یہ بات تعجب کی ضرور تھی کہ جو شخص کہیں اور کسی سے مفاہمت نہ کرتا ہو وہ شاعری میں اتنی ڈھیل دیتا ہو۔ شاعری میں حسرت کا نقطۂ نظر یہ تھا کہ شاعری کا معیار شاعری ہی ہے کچھ اور نہیں۔ ابھی ایک عزیز نے یک دور دراز مقام سے استصواب رائے کیا تھا کہ حسرت یا مصحفی کا کلام یونیورسٹی کے نصاب میں داخل ہونا چاہیے یا نہیں۔ اس لیے کہ بعضوں کے نزدیک دونوں کے ہاں فحاشی اور برہنگی ملتی ہے۔ خط پڑھ کر مجھے حسرت ہی کا ایک شعر بے اختیار یاد آگیا

رعنائی خال کو ٹھہرا دیا گناہ
زاہد بھی کس قدر ہے مذاقِ سخن سے دور

مجھے یہاں اس استفسار پر کچھ کہنا نہیں ہے لیکن اتنا کہہ دینے میں کوئی مضائقہ نہیں کہ یونیورسٹی میں شاعر اور شاعری سے طلبا کو روشناس کیا جاتا ہے۔ متفرق اور مخصوص

اشعار کو اہمیت نہیں دی جاتی۔ دوسرے یہ کہ اردو غزل گوئی پر ایمان لائے بغیر ہم اپنے شعر و ادب کے معیار و منزلت سے آشنا نہیں ہوسکتے اور جہاں تک غزل گوئی کا تعلق ہے حسرت شروع سے آخر تک تقریباً نصف صدی سے اوپر اپنے معاصرین میں سب سے ممتاز، منفرد اور محترم رہے ہیں۔ سب سے بدنام صنفِ سخن کو سب سے پر آشوب عہد میں حسرت نے جس طرح بچایا اور سب سے ممتاز رکھا وہ حسرت کا بہت بڑا کارنامہ ہے۔ چنانچہ میرا خیال ہے کہ ابھی ایک نامعلوم مدت تک غزل گوئی کے معیار حسرت ہی رہیں گے۔ یہی بات نظم گوئی کے سلسلے میں اقبال کے بارے میں وثوق سے کہی جاسکتی ہے۔ خود حسرت کی پیروی کوئی کرپائے یا نہیں۔ جس یونیورسٹی کے طلبا کے بارے میں یہ اندیشہ ہو کہ حسرت کی غزل پڑھ کر بداطوار ہوجائیں گے۔ میری رائے میں اس یونیورسٹی کو بند اور اس کے اساتذہ کو کچھ اور نہیں تو تعلیم کے کام سے ہمیشہ کے لیے محروم کردینا چاہیے۔

کوئی پندرہ سولہ سال ادھر کی بات ہے، ایک دفعہ سفر میں حسرت کا ساتھ ہوگیا۔ میں دنیا کی ہر تکلیف برداشت کرسکتا ہوں، تھرڈ کلاس کی بھیڑ سے جانبر نہیں ہوسکتا۔ حسرت حسب معمول تھرڈ کلاس میں سفر کر رہے تھے۔ میں نہیں کہہ سکتا کہ جس ڈبہ میں وہ سفر کر رہے تھے اس کا کیا حال تھا، کتنی بھیڑ تھی، کیسے لوگ تھے اور کیسا تکلیف دہ موسم تھا لیکن حسرت کے بشرہ یا بات چیت سے متعلق ظاہر نہیں ہوتا تھا کہ ان کو شمہ برابر بھی کوئی تکلیف تھی۔ گاڑی ٹھہرتی تو میں پلیٹ فارم پر اتر کر ان کو دیکھ آتا۔ جب دیکھتا ہجوم میں اضافہ پاتا۔ مجھے دیکھ پاتے تو ہنس کر پکارتے اور ایسا معلوم ہوتا جیسے اس سے دل چسپ اور آرام دہ سفر انھوں نے پہلے کبھی نہیں کیا تھا۔ ایک دفعہ جاکر دیکھتا ہوں تو ان کے کندھے پر کسی غریب کی چھوٹی سی بچی چیتھڑے لگائے ہوئے بیٹھی ہے اور

حسرت صاحب اپنی پوٹلی کھولے ہوئے کھانا کھارہے ہیں اور بچی کو بھی کھلا رہے ہیں۔ میں نے کہا حسرت صاحب یہ کیا ہے ؟ کہنے لگے کوئی بات نہیں۔ بھیڑ زیادہ ہوگئی تھی، اندیشہ تھا کہ بچی کچل نہ جائے۔ میں نے کہا حسرت صاحب کاش اس وقت آپ کا فوٹو لیا جاسکتا اور اس کے نیچے لکھ دیا جاتا" ہندوستان میں شاعری" کہنے لگے جی نہیں اس کے نیچے لکھا جاتا" ہندوستان میں بھوک۔"

اردو پی ایچ ڈی کا زبانی امتحان لینے حسرت علی گڑھ تشریف لائے تھے، اسی سج دھج سے جس کا ذکر اوپر کر چکا ہوں۔ سفر خرچ کا بل فارم دستخط کے لیے پیش کیا گیا تو بولے یہ فرسٹ کلاس کرایہ کیسا؟ میں تو تھرڈ کلاس میں سفر کیا کرتا ہوں۔ دراصل میں دہلی جارہا تھا، پروگرام ایسا رکھا تھا کہ یہاں اتر پڑوں اور امتحان لے کر آگے بڑھ جاؤں، پھر یہ کرایہ کیسا؟ ٹھہرنے کا الاؤنس کیوں؟ طعام و قیام تو آپ کے ہاں رہا۔ بڑی دیر تک بڑے مزے کی رد و قدح ہوتی رہی اور علی گڑھ سے اپنی الفت کا اظہار کرتے رہے۔ حسرت بڑے زندہ دل اور خوش گفتار تھے۔ میں نے کہا، مولانا یہ روپیہ تو آپ میری خاطر لے لیں اور میرے ہی اوپر اپنے ہاتھ سے صرف کردیں۔ بولے ہاں یہ ہوسکتا ہے" بتائیے کیسے ؟" میں نے کہا میرے لیے ایک ویسا ہی یونی فارم بنوا دیجیے جیسا کہ آپ پہنتے رہے ہیں۔ بے اختیار ہنس پڑے، پھر بولے یونی فارم کیا کیجیے گا۔ میں نے کہا دشمنوں کا خیال ہے کہ آپ اپنے بعد اپنا خلیفہ مجھ ہی کو نامزد کریں گے۔ اس وقت یہ سجادہ میرے کام آئے گا۔ بولے خرقہ یا سجادہ۔ میں نے کہا نہ خرقہ نہ سجادہ۔ ان کا کاروبار سب ہی کرتے ہیں۔ آپ کی یونی فارم میں تو آپ کا خلیفہ خانقاہ بردوش نظر آئے گا۔ بہت محظوظ ہوئے رہ رہ کر ہنستے اور داد دیتے رہے۔

حسرت ہندوستانی پارلیمنٹ کے ممبر تھے لیکن ان کے اپنے اندازِ درویشانہ میں کوئی

فرق نہ آیا۔ نہ ممبروں کی آرام دہ کشادہ اور پر فضا قیام گاہ، نہ ٹیلی فون، نہ موٹر، نہ تفریح، نہ دعوت، نہ دید و بازدید۔ ایک غیر معرف شکستہ مسجد میں چٹائی پر قیام رہتا تھا۔ فرش پر آس پاس اخبارات، کاغذات اور فائلیں۔ وقت آیا تو کسی دکان پر جاکر کھانا کھالیا۔ کاغذات جھولے میں ڈالے پارلیمنٹ پہنچ گئے۔ راستہ اکثر پیدل ہی طے کرتے اور موقع جان پڑتا تو پارلیمنٹ میں ایسی دوٹوک اور بے لاگ تقریر کرتے کہ در و بام گونج اٹھتے۔

تنم می بلرزد چو یاد آورم

دہلی میں ایک نیم سرکاری سیاسی قسم کا اجتماع تھا۔ بعض اہم اور نازک مسائل زیر بحث تھے۔ شام کو عصرانہ تھا۔ اعیان و اکابر جمع تھے۔ حسرت بھی مدعو تھے۔ ایسے موقع پر ایسی پارٹیاں صرف چائے پینے پلانے کے لیے نہیں ہوتی اور باتیں بھی مد نظر ہوتی ہیں۔ آرائش و زیبائش، جاہ و حشم، ساز و سامان، تکلف و تواضع، صاحبان ثروت، ماہرین سیاست، اکابر علم و حکمت اپنے اپنے وزن اور وقار کے ساتھ اور خواتین مع اپنی تمام جلوہ سامانیوں کے موجود تھیں۔ " فضا آراستہ چمن پیراستہ " اتنے میں ایک طرف سے حسرت نمودار ہوئے۔ اس سج دھج سے جو صرف ان کی تھی۔ اسی وقار درویشی اور اندازِ قلندری سے جو ان کا مسلک تھا اور اسی شعلہ سامانی و شبنم افشانی کے ساتھ جو ان کی زندگی تھی۔ مجمع میں ایک لہر سی دوڑ گئی۔ ہر شخص نے بڑے لطف و احترام سے حسرت کی پذیرائی کی اور دیکھتے دیکھتے وہ سب کی توجہ اور تپاک کا مرکز بن گئے۔ شائستہ فقرے، لطف کی باتیں، عقیدت و محبت کی پیش کش۔ ایسا معلوم ہونے لگا جیسے یہ تقریب حسرت ہی کے خیر مقدم کے لیے منعقد ہوئی تھی، فرمائش شروع ہو گئی، حسرت نے شعر سنانا شروع کر دیے۔ حسرت زیادہ تر اپنا کلام تحت اللفظ سناتے تھے بالکل جیسے باتیں کرتے ہیں۔ مگر معلوم نہیں کیوں کبھی کبھی ترنم بھی فرمانے لگتے جس پر مجھے ہمیشہ ہنسی آجاتی۔ ان کا ترنم ایسا ہوتا جسے م کوئی

معصوم بچہ ترنم کے ہر اصول سے بیگانہ محض ترنم کی نقل کر رہا ہو۔

حسرت اپنا کلام سنا رہے تھے۔ سارے اکابر ان کے گرد جمع ہو گئے۔ محفل کا رنگ ہی بدل گیا۔ تھوڑی دیر تک ذہن میں کچھ اور باتیں آتی رہیں اور اپنا اپنا نقش چھوڑتی چلی گئیں۔ سارا گردوپیش جو دولت، امارت اور نفاست کا ترجمان اور آئینہ دار تھا۔ ایک شخص کی موجودگی سے کیا سے کیا ہو گیا اور اس مرد درویش کے جلال اور اس کی شاعری کے جلو میں وہ سارا اہتمام کس درجہ سطحی اور ضمنی معلوم ہونے لگا۔ کتنی ایسی باتیں ذہن میں آئیں جن کو باضابطہ اور بامعنی تحریر کا جامہ پہنانا ناممکن ہونے لگا۔ یکایک اقبال کی ایک نظم کے نقوش تصور میں ابھرنے لگے اور بے اختیار یاد آنے لگا:

اس کا مقام بلند اس کا خیال عظیم
اس کا سرور اس کا شوق، اس کا نیاز اس کا ناز
خاکی و نوری نہاد بندۂ مولیٰ صفات
ہر دو جہاں سے غنی اس کا دل بے نیاز
اس کی امیدیں قلیل، اس کے مقاصد جلیل
اس کی ادا دل فریب اس کی نگہ دل نواز
نرم دمِ گفتگو، گرم دمِ جستجو
رزم ہو یا بزم ہو پاک دل و پاک باز
نقطۂ پرکارِ حق، مرد خدا کا یقیں
اور یہ عالم تمام وہم و طلسم و مجاز
عقل کی منزل ہے وہ عشق کا حاصل ہے وہ
حلقۂ آفاق میں گرمیٔ محفل ہے وہ

آہ وہ مردان حق! وہ عربی شہسوار
حامل "خلقِ عظیم" صاحبِ صدق ویقیں
جن کی حکومت سے ہے فاش یہ رمزِ غریب
سلطنتِ اہل دل، فقر ہے شاہی نہیں
جن کی نگاہوں نے کی تربیت شرق وغرب
ظلمت یورپ میں تھی جن کی خرد راہ بیں
نقش ہیں سب ناتمام خون جگر کے بغیر
نغمہ ہے سودائے خام خون جگر کے بغیر

***

راشد: چند یادیں

غلام عباس

۱۹۲۸ء کے اواخر میں جب لاہور کے مشہور نشری ادارے "دار الاشاعت پنجاب" سے منسلک ہوا تو اس وقت میری عمر اٹھارہ انیس برس سے زیادہ نہ ہو گی۔ اس ادارے کے ایک اہم رکن سید امتیاز علی تاج تھے جن کا شمار ملک کے ممتاز ادبا میں ہوتا تھا۔ ان کی شخصیت بڑی جاذب نظر تھی، انہوں نے ڈرامہ "انار کلی" لکھا تھا جس کی شہرت اس کی اشاعت سے قبل ہی دور دور پھیل گئی تھی اور لوگ اس ڈرامے کے اقتباسات ان کی زبان سے سننے کے بڑے مشتاق رہا کرتے تھے۔

تاج صاحب کے احباب کا حلقہ خاصا وسیع تھا مگر ان میں سب سے زیادہ قابل ذکر سید احمد شاہ بخاری پطرس تھے جو ان کے کالج کے زمانے کے رفیق اور دوست تھے۔ ایک زمانے میں ان کی جوڑی کو خاصی شہرت حاصل رہی کیونکہ وہ لاہور کی علمی و ادبی مجالس اور میلوں ٹھیلوں میں ہمیشہ ایک ساتھ دیکھے جاتے تھے۔

ایک دن بخاری صاحب تاج صاحب سے ملنے آئے تو وہ بڑے جوش میں تھے۔ کہنے لگے، "امتیاز، آج میں نے ایک اردو رسالے میں ایک نظم پڑھی ہے جسے بلاشبہ اس صدی کی نظم کہا جاسکتا ہے، اس کا عنوان ہے 'اتفاقات' اس کا خالق ن۔ م۔ راشد ہے جو ہمارے گورنمنٹ کالج ہی کا فارغ التحصیل ہے۔"

پھر بخاری صاحب نے بتایا کہ وہ راشد سے ملنے اور اس نظم کی داد دینے اس کے مکان پر گئے تھے۔ اس وقت راشد بڑی تنگی ترشی سے گزر کرتے تھے، ان کا رہن سہن کچھ زیادہ اچھا نہ تھا۔ کرسی تلاش کرنے لگے جو موجود نہ تھی۔ بخاری صاحب نے کہا، رہنے دو۔ فرش پر جو کتابیں پڑی ہیں، میں ان کو جمع کر کے ان پر بیٹھ جاؤں گا۔ پھر وہ دیر تک راشد سے اس کی نظم پر گفتگو کرتے رہے۔ یہ ۱۹۳۵ء کا واقعہ ہے۔

میں نے راشد کو کئی بار مشاعروں میں شعر پڑھتے سنا تھا لیکن ان سے شناسائی اس وقت ہوئی جب مولانا چراغ حسن حسرت بھی "دارالاشاعت پنجاب" کے ادارے میں شامل ہو گئے۔ حسرت صاحب پیشے کے لحاظ سے تو صحافی مگر ادب کا بڑا ارفع مذاق رکھتے تھے۔ ان کی علمی استعداد کا کچھ ٹھکانہ ہی نہ تھا۔ وہ نظم اور نثر دونوں پر استادانہ مہارت رکھتے تھے، ان کے گرد اس وقت کے ابھرتے ہوئے ادبا و شعرا اور ادب کے طالب علموں کا خاصا مجمع لگا رہتا تھا۔ ان میں اکثر راشد اور میراجی بھی ہوتے تھے۔ حسرت صاحب کو جدید شاعری قطعاً ناپسند تھی۔ وہ کہتے تھے کہ آزاد شاعری جب قافیہ اور ردیف سے آزاد ہے تو اس میں تعقید لفظی اور اسی قسم کے دوسرے عیوب نہیں ہونے چاہئیں۔ اگر نئی نظم میں "میں نہیں سکتا بتا" جیسا ٹکڑا ہو تو وہ سخت ناگوار گزرتا ہے۔ نثر ہو تو صاف اور رواں۔

حسرت صاحب کی وسیع القلبی دیکھیے کہ جب میراجی نے اپنی بے قافیہ نظموں کی کاپی حسرت صاحب کو بغرضِ اصلاح پیش کی تو وہ انکار نہ کر سکے۔ اور کئی دن تک اس پر بڑی محنت صرف کرتے رہے۔ اس کے کئی سال بعد دلی میں جب راشد نے اپنی نظموں کے پہلے مجموعے "ماورا" کا مسودہ حسرت صاحب کو اصلاح کے لیے دیا انہوں نے اس پر بھی غائر نظر ڈالی۔ اور اس کے زبان کے بعض اسقام کو دور کیا۔ راشد نے "ماورا" کے

دیباچے میں اس کا اعتراف بھی کیا ہے۔

راشد نے ایامِ جوانی ہی میں خود کو خاکسار تحریک سے وابستہ کر لیا تھا۔ وہ کئی سال تک اس کے سرگرم رکن بنے رہے۔ ایک دفعہ گورنمنٹ کالج کی طرف سے انہیں دعوت دی گئی کہ وہ خاکسار تحریک کے بارے میں کالج کی ایک تقریب میں مقالہ پڑھیں۔ اور کالج کے طلباء کو اس تحریک کے اغراض و مقاصد سے آگاہ کریں۔ راشد نے کہا میں اس تقریب میں شامل ہونے کو تیار ہوں بشرطیکہ مجھے خاکساروں کی وردی پہن کر آنے اور ہاتھ میں بیلچہ اٹھانے کی اجازت ہو۔

کالج والوں کو اس پر کیا اعتراض ہو سکتا تھا۔ چنانچہ راشد اپنی شرائط کے مطابق خاکساروں کی وردی پہن کر اور کندھے پر بیلچہ اٹھا کر کالج گئے اور خاکسار تحریک پر ایک نہایت دل چسپ اور پر از معلومات مقالہ پڑھا۔

۱۹۳۷ء میں مجھے "پھول" اخبار کی ایڈیٹری چھوڑ کر دلی جانا پڑا۔ جہاں آل انڈیا ریڈیو کے رسالے کی ایڈیٹری مجھے سونپ دی گئی۔ اس کے کچھ دن بعد پروفیسر احمد شاہ بخاری نے، جو اب آل انڈیا ریڈیو کے ڈپٹی کنٹرولر تھے، مجھ سے کہا کہ راشد ریڈیو میں ملازم ہو گیا ہے۔ فی الحال لاہور میں ہے لیکن عنقریب اسے دلی بلوا لیا جائے گا اور خبروں کے ترجمے کے کام پر لگا دیا جائے گا۔ تم ذرا اس کی دل جوئی کرتے رہنا۔

چنانچہ چند روز بعد راشد دلی آ گئے۔ اور شام کی خبروں کے بلیٹن کے مترجم بن گئے۔ میں نے خبروں کے بعد ان کے دفتر میں جا کر ان سے ملاقات کی۔ میرے استفسار پر انہوں نے بتایا کہ تنہا آیا ہوں اور ایک ہوٹل میں ٹھہرا ہوں۔

اتفاق سے ان دنوں میں گھر میں اکیلا ہی رہتا تھا۔ کیونکہ بیوی طویل علالت کی وجہ سے ہسپتال میں تھی اور والدہ نے بھی اس کی تیمارداری کے لیے ہسپتال ہی میں سکونت

اختیار کرلی تھی۔ چنانچہ میں نے کہا کہ میرے ہاں کیوں نہیں آرہتے۔ راشد مان گئے۔ اور تقریباً ایک ماہ میرے پاس ہی رہے اور یوں ہماری شناسائی نے رفتہ رفتہ ایک گہری دوستی کی شکل اختیار کرلی۔

ہم دن رات ساتھ ساتھ رہتے تھے۔ دنیا جہان کی باتیں کرتے۔ موضوعِ گفتگو زیادہ تر ادب ہوتا۔ میری طرح انہیں بھی روسی لٹریچر سے بڑی دل بستگی تھی۔ میں نے دوستو افسکی "ٹالسٹائی"، گورکی اور چیکوف کے افسانے ترجمہ کئے تھے۔ انہوں نے الیگزنڈر کپرن کے ناول "Yama The Pit" کو اردو کا جامہ پہنایا تھا۔ یہ ایک بڑا طویل ناول تھا جس کا ترجمہ انہوں نے بڑی عرق ریزی سے کیا تھا۔ مگر ظالم ناشر نے نہ تو ترجمے کا کوئی معاوضہ دیا تھا اور نہ کتاب پر بہ حیثیت مترجم ان کا نام ہی درج کیا تھا، اس پر اور ستم یہ کہ رسالوں اور اخباروں میں اس کتاب کے جو اشتہار چھپتے تھے، ان میں ان کا نام بڑے جلی حروف میں چھپوایا جاتا تھا۔

کبھی کبھی موضوع سخن ان کی شاعری اور میری افسانہ نویسی بھی ہوتا تھا۔ ان کی جو نظمیں میری سمجھ میں نہ آتیں وہ ان کا ایک ایک نکتہ مجھے اس طرح سمجھاتے جس طرح کوئی بچے کو سمجھاتا ہے اور اس طرح میں ان کی نظموں کے مفہوم اور ان کے نقطۂ نظر سے آگاہ ہو کر ان سے پورے طور پر لطف اندوز ہونے لگا۔

وہ مروے مختصر ناول "جزیرہ سخنوراں" کے بڑے مداح تھے۔ اور ہر چند.ن.م نے ایک معصوم سی شرارت کے تحت اس ناول .ن.م ان کا کردار ایک باغی شاعر کے طور پر استعمال کرکے اسے سخن ناشناسوں کے ہاتھوں پٹوا بھی دیا تھا۔ مگر اس کے باوجود ان کی ستائش ملی، کچھ فرق نہیں ن آیا تھا۔ بلکہ اس کے کئی سال بعد بھی انہوں نے ریڈیو پاکستان سے "میری پسندیدہ کتاب" کے عنوان سے "جزیرہ سخنوراں" کے بارے میں ایک طویل

انٹرویو براڈکاسٹ کیا گیا تھا۔

راشد تنقید کی بے پایاں صلاحیت رکھتے تھے۔ انہوں نے یورپ کے اعلیٰ پایہ کے نقادوں کو بہت غور سے پڑھا تھا۔ چنانچہ انہوں نے "اردو ادب پر غالب کا اثر"، "ظفر علی خاں کی شاعری"، "انار کلی"، "اختر شیرانی کے ساتھ لمحے" کے عنوانوں سے جو مقالات لکھے تھے ان میں تنقید کا بہت اونچا معیار پیش کیا گیا تھا۔

آل انڈیا ریڈیو میں راشد کا تبادلہ جلد ہی خبروں کے محکمے سے تقریروں کے محکمے میں ہو گیا۔ اب وہ تقریروں کے نئے نئے سلسلے سوچنے لگے۔ یہ کام ان کی مرضی کے عین مطابق تھا، بڑی محنت کرتے اور سرگرم رہتے۔ جب وہ مقررین کی جستجو میں نکلتے تو رہنمائی کے لیے اکثر مجھے بھی ساتھ لے لیتے۔ کبھی تو گوہر مقصود جلد ہی مل جاتا اور کبھی اس کی تلاش میں پہروں دلی کے کونوں کھدروں کی خاک چھاننی پڑتی۔ ہمارے لیے یہ امر باعثِ طمانیت ہوتا تھا کہ ہم نے اس تقریب کی بدولت دلی کے بزرگ شعراء کے علاوہ ڈاکٹر ذاکر حسین (بھارت کے سابق صدر)، شمس العلماء مولوی عبدالرحمن، مرزا محمد سعید دہلوی، مولوی عبدالحق، پنڈت دتاتریہ کیفی، ڈاکٹر عابد حسین، پروفیسر مجیب، خواجہ حسن نظامی جیسے ذی علم اور برگزیدہ حضرات سے شرفِ نیاز حاصل کر لیا۔

اس زمانے میں خاکسار تحریک کے بانی علامہ مشرقی نے ایک پروگرام بنایا کہ قرول باغ دلی میں خاکساروں کا ایک بڑا اجتماع ہو جس میں ایک لاکھ سے زیادہ خاکسار شرکت کریں۔ راشد اس تحریک کے رکن ہی نہیں بلکہ ملتان کے ضلع کے سالار بھی تھے۔ بڑی پریڈیں کرتے اور سالاری کے فرائض محنت سے انجام دیتے تھے۔ قواعد کے اتنے پابند تھے کہ ایک مرتبہ جب ان سے کوئی بے ضابطگی ہوئی تو انہوں نے سربازار اپنے ہاتھ پاؤں بندھوا کر کوڑے کھائے۔ بڑے فخر سے کہا کرتے کہ نظم و ضبط قائم رکھنے کے لیے

اگر سالار خود مثال پیش نہ کرے تو کام کیسے چل سکتا ہے۔ مگر اب کچھ بددل سے ہو گئے تھے۔ علامہ مشرقی نے بلوایا۔ یہ جا کر مل آئے۔ میں نے کہا اگلی دفعہ جاؤ تو مجھے بھی ساتھ لے جانا۔ کہنے لگے، اب تو شاید میں بھی نہ جا سکوں۔ اس کے بعد انہوں نے تحریک میں کوئی عملی حصہ نہیں لیا۔

راشد خاصی تنگدستی کا زمانہ گزار کر دلی آئے تھے۔ ملتان میں جہاں وہ کمشنر کے دفتر میں کلرک تھے، انہیں شاید تیس یا چالیس روپے تنخواہ ملتی تھی جو دلی میں ایک دم ڈیڑھ سو ہو گئی۔ یعنی تقریباً چار پانچ گنا زیادہ۔ چنانچہ اب وہ آہستہ آہستہ آسائش کی زندگی کی طرف مائل ہونے لگے۔ پینے پلانے کی طرف سے بھی حجاب اٹھنے لگا۔ مگر جو مشاہرہ انہیں ملتا تھا اس میں کسی قسم کی فضول خرچی کی گنجائش نہ تھی۔ البتہ ذہن میں طرح طرح کے خیالی پیکر اور ہیولے ابھرنے لگے تھے جن کو شعر کے سانچے میں ڈھالنے سے خاصی تسکین ہو جاتی تھی۔ چنانچہ "شرابی"، "انتقام"، "اجنبی عورت"، "رقص"، "خودکشی" وغیرہ نظمیں اسی دور کی یادگار ہیں۔

"ماورا" چھپ گئی۔ چغتائی صاحب نے اس کا بہت خوبصورت گرد پوش بنایا تھا۔ کرشن چندر نے دیباچہ لکھا تھا۔ جیسا کہ توقع تھی کتاب ملک میں بہت مقبول ہوئی۔ اور ہاتھوں ہاتھ بک گئی۔ کچھ رسائل و جرائد میں اس کے خلاف تنقیدیں بھی چھپیں مگر اس کی مقبولیت پر کچھ اثر نہ پڑا۔

اس دوران میں دوسری جنگ عظیم چھڑ گئی۔ راشد کو فوج میں کمیشن مل گیا۔ اور وہ کپتان بن کر ملک سے باہر چلے گئے۔ کوئی ڈیڑھ دو سال بعد واپس آئے تو دلی میں میرے ہی پاس آ کر ٹھہرے۔ ان کی عدم موجودگی میں "ماورا" کا دوسرا ایڈیشن چھپ گیا تھا۔ جس کی ایک جلد میں خرید لایا تھا۔ خوش خوش اس کی ورق گردانی کرنے لگے۔ اچانک ان

کا چہرہ غصے سے متغیر ہو گیا۔ ناشر نے دوسرے ایڈیشن میں ان کی وہ نظمیں بھی رسائل سے لے کر شامل کر دی تھیں جو انہوں نے "ماوری" کے چھپنے کے بعد پچھلے ڈیڑھ دو سال میں کہی تھیں۔ حالانکہ انہوں نے ناشر کو اس کی سخت ممانعت کر دی تھی۔ راشد شاید ان نظموں کو اپنے دوسرے مجموعے کے لیے محفوظ رکھنا چاہتے تھے۔

وہ اس واقعہ سے سخت پریشان ہوئے۔ رات کو نیند بھی نہ آئی۔ بس تڑپتے اور کروٹیں بدلتے رہے۔ صبح ہوئی تو وہ کسی کو کچھ بتائے بغیر وردی پہن کر گھر سے نکل گئے، تین چار دن غائب رہے۔ اس کے بعد آئے تو بڑے ہشاش بشاش، لپٹ لپٹ کر گلے ملتے اور قہقہے لگاتے رہے۔

بولے، جانتے ہو میں کہاں سے آرہا ہوں؟ لاہور سے۔ میں اس صبح اپنے دفتر سے اجازت لے کر لاہور روانہ ہو گیا تھا۔ میں سیدھا انارکلی چوک کے تھانے میں پہنچا۔ میں نے تھانے دار سے کہا، میں فوج میں کپتان ہوں۔ میں جنگ کے سلسلے میں ملک سے باہر گیا ہوا تھا، ہمیں بتایا گیا ہے کہ جب ہم جنگ پر ملک سے باہر جائیں تو سرکار ہمارے پیچھے ہمارے حقوق کی حفاظت کرتی ہے۔ اب دیکھیے میرے ساتھ میرے پبلشر نے کیا کیا، اس کے بعد میں نے تھانے دار کو اس واقعہ کی تفصیل بتائی۔ اس نے کہا، صاحب آپ فکر نہ کریں، میں ابھی اس کا بندوبست کرتا ہوں۔ اس نے فوراً سپاہی بھیج کر ناشر کی دکان پر تالا ڈلوا دیا۔ اس کے ساتھ ہی جس پریس میں کتاب چھپی تھی اس کے مالک کو بھی طلب کر لیا۔

"ماوریٰ" کا ناشر بڑا اکڑ باز تھا۔ بڑے بڑے شاعروں اور ادیبوں کو بھی خاطر میں نہیں لاتا تھا۔ کبھی کبھی مار پیٹ تک نوبت پہنچ جاتی تھی۔ مگر راشد کی اس کارروائی سے اس کی ساری اکڑ فوں نکل گئی۔ گڑگڑا کر راشد سے معافی مانگی اور کہا کہ میں پوری رائلٹی

کے علاوہ ایک ہزار روپیہ اس کا ہرجانہ بھی دوں گا۔ پریس والے بے قصور تھے، انہیں معاف کر دیا گیا۔ البتہ ان کے رجسٹر سے اس امر کا انکشاف ہوا کہ پہلا ایڈیشن ایک ہزار نہیں جیسا کہ اس میں درج تھا بلکہ دو ہزار جلدوں کا چھاپا گیا تھا۔ چنانچہ ناشر کو ایک ہزار کی مزید رائلٹی ادا کرنی پڑی۔

راشد مزاجاً سخت گیر تھے۔ کسی سے انہیں تکلیف پہنچے تو اسے آسانی سے معاف نہیں کرتے تھے۔ اپنے خلاف بے جا یا معاندانہ تنقید کی چبھن انہیں عمر بھر رہتی تھی۔ ہمارے معاصرین میں ایک افسانہ نگار تھے۔ حیات اللہ انصاری، انہوں نے راشد کی شاعری پر ایک تنقیدی مقالہ لکھا اور دلی کی ایک ادبی مجلس میں پڑھا جس میں میں بھی موجود تھا۔ تنقید شروع سے آخر تک ترقی پسند مصنفین کا نقطہ نظر لیے ہوئے تھی، کہیں کہیں راشد کی تعریف بھی کی گئی تھی۔ مقالہ بہ حیثیت مجموعی راشد کے زیادہ خلاف نہیں تھا۔ میں نے راشد سے اس کا ذکر کیا تو بڑے جزبز ہوئے اور بغیر مقالہ پڑھے اسی وقت حیات اللہ انصاری کے نام ایک سخت سا خط اور وہ بھی انگریزی میں لکھ ڈالا۔ انصاری صاحب کو یہ خط پڑھ کر یقیناً غصہ آیا ہو گا۔ چنانچہ انہوں نے مقالے سے تمام تعریفی جملے تو حذف کر دیے اور اس میں بہت سے اعتراضات شامل کر کے اسے کتابی صورت میں شائع کر دیا۔ نام تھا "ن-م-راشد پر"۔

راشد کو اپنی اس بے صبری اور جلد بازی کی عادت کی ایک دفعہ اور بھی سخت سزا بھگتنی پڑی تھی۔ راشد کو جیسے ہی معلوم ہوا کہ انہیں فوج میں کمیشن مل گیا ہے اور اب صرف چند ابتدائی کارروائیاں باقی رہ گئی ہیں، مثلاً جسمانی معائنہ وغیرہ۔ تو وہ خود ہی فوج کے دفتر میں پہنچ گئے کہ میرا معائنہ کر لیجیے۔ شام کو جب واپس آئے تو ان کی بری حالت تھی۔ ان کے جسم پر جگہ جگہ چوٹیں آئی تھیں، گھٹنے زخمی تھے اور منہ سوجا ہوا۔ سارا جسم

اکڑ گیا تھا، چلنا پھرنا دوبھر تھا۔ ان کی یہ حالت دیکھ کر مجھے ملال بھی ہوا اور ہنسی بھی آئی۔ کہنے لگے بھائی یہ امتحان تو پل صراط سے گزرنے سے کم نہ تھا۔ مجھے خاردار تاروں پر سے گزرنا پڑا، خاصے اونچے اونچے درختوں پر چڑھا اور وہاں سے زمین پر چھلانگیں لگائیں۔ کبھی دوڑتا تھا، کبھی رینگتا تھا، قدم قدم پر ٹھوکریں کھاتا تھا۔

بعد میں معلوم ہوا کہ انہوں نے اس جسمانی معائنہ کی صعوبتیں ناحق ہی اٹھائیں۔ کیونکہ انہیں تو اس معائنہ سے مُستثنیٰ قرار دیا گیا تھا۔ یہ معائنہ تو صرف جنگ میں لڑنے والے سپاہیوں کے لیے لازمی تھا، لکھنے پڑھنے کا کام کرنے والوں کے لیے نہیں۔

جب راشد کی نظموں کا دوسرا مجموعہ "ایران میں اجنبی" شائع ہوا تو اس کا دیباچہ پطرس بخاری نے نہایت محبت اور خلوص سے لکھا۔ البتہ اس میں کہیں کہیں مخصوص طنزیہ رنگ میں راشد پر تنقید بھی کی تھی۔ یہ تنقید راشد کو بالکل پسند نہ آئی۔ کہنے لگے، مصیبت میں پھنس گیا ہوں۔ سمجھ میں نہیں آتا کہ اس کو شائع کروں یا نہ کروں۔ میں نے کہا یہ سچ ہے کہ اس دیباچے میں تمہاری زیادہ مدح سرائی نہیں کی گئی، مگر یقین جانو کہ اس میں کسی بے التفاتی یا عناد کو ذرا بھی دخل نہیں۔ اگر یہ دیباچہ روایتی مدحیہ انداز میں ہوتا تو پھر بخاری صاحب میں اور دوسرے لکھنے والوں میں فرق ہی کیا رہ جاتا۔ مگر میں راشد کو مطمئن نہ کر سکا۔

راشد خط لکھنے اور خط کا جواب دینے میں بڑے مستعد تھے۔ ہماری دوستی کی اس طویل مدت کے دوران انہوں نے مجھے بے شمار خط لکھے جو محبت، یگانگت اور خلوص سے بھرے ہوئے تھے۔ علاوہ ازیں ان خطوط سے ان کی بے باک طرزِ نگارش اور اعلیٰ انشاپردازی کا رنگ بھی بخوبی جھلکتا تھا۔ نمونے کے طور پر ان کے خطوط کے کچھ اقتباس پیش کرتا ہوں:

۱-"میں نومبر کے آخر میں ریٹائر ہو رہا ہوں۔ کچھ سمجھ میں نہیں آتا کہ ریٹائر ہونے کے بعد کیا کیا جائے۔ پاکستان میں آباد ہونا مشکل ہے۔ ہمارے طبقہ میں کلچر کا جو فقدان شروع سے چلا آرہا ہے وہ مجھے راس نہیں آسکتا۔ اگر ایران میں کوئی مفید قسم کی مشغولیت مل گئی تو شاید یہیں بس جاؤں ورنہ یورپ کے کسی ملک میں۔ ایران میں اس وقت مواقع بہت ہیں۔ تاہم اس سوسائٹی کی اخلاقی خامیوں میں دروغ گوئی جسے ان لوگوں نے ہنر کی حد تک پہنچا دیا ہے بعض دفعہ اداس کر دیتی ہے۔"

۲-"پطرس بخاری کے بارے میں میرے ایک انٹرویو کا ترجمہ "اوراق" لاہور میں شائع ہو رہا ہے۔ جو انگریزی میں پروفیسر انور شبنم دل (پنجاب یونیورسٹی) نے نیویارت میں میرے ساتھ کیا تھا۔ یہ انٹرویو قصیدۂ مدحیہ نہیں ہے۔ لیکن اس میں بخاری کی ذات اور عمل پر ایک طرح سے تنقید بھی شامل ہے۔ شاید اس کے بعض حصوں سے تمہاری عقیدت کو ٹھیس پہنچے۔ تاہم اگر تمہاری نظر سے گزرے تو اپنی رائے سے ضرور مطلع کرو۔"

۳-"یہاں گذشتہ پندرہ سولہ مہینوں میں سولہ سترہ نظمیں لکھی گئی ہیں۔ میں نے اپنے ذہن کو اتنا چاق وچوبند کم پایا ہے۔ ڈرتا ہوں کہ کہیں یہ بجھتے چراغ کی لو نہ ہو۔"

۴-"ذوالفقار بخاری صاحب کے انتقال کی خبر ملی۔ بے حد رنج ہوا۔ سب آہستہ آہستہ چلتے چلے جا رہے ہیں۔ بخاری سے رنگین تر اور متنوع تر شخصیت کا مالک کم ہی کوئی ہو گا۔ ان سے دکھ بھی پہنچے۔ لیکن وہ کبھی نشتر نہ بنے۔ کانٹے کی چبھن سے زیادہ نہ ہوئے، اور پھر انہیں اس چبھن کو دور کرنے کے بھی ہزاروں مرہم یاد تھے۔ خدا ان کی روح کو تسکین دے۔"

***

کنھیالال کپور

مرزا ادیب

کنہیالال کپور۔۔۔ بس کنھیالال کپور تھے۔ ہزاروں میں نہیں لاکھوں میں ایک۔ بڑے سے بڑے مجمع میں بھی الگ تھلگ نظر آتے تھے۔ لمبی لمبی ٹانگیں، لمبے لمبے بازو مگر چہرہ ان کے مقابلے میں بہت چھوٹا۔ جیسے ایک چھوٹے سے معصوم بچے کا ہو۔ اس چہرے پر سدا ایک مسکینی سی چھائی رہتی تھی۔ پتلے دبلے نحیف و نزار۔ کرشن چندر نے ایک مرتبہ پوچھا۔ "کپور! اتنے دبلے پتلے کیوں ہو؟" بولے۔ "کرشن جی! تمھیں تو تمھاری گوپیاں مکھن کھلایا کرتی ہیں، مجھ غریب کو گوپی نہیں پوچھتی۔" کرشن خاموش رہنے والے آدمی کہاں۔ فوراً کہنے لگے۔ "کنھیا جی۔ بس نام ہی کے کنھیا ہو۔ مکھن یوں نہیں، چرا کر کھایا جاتا ہے۔" کپور نے جواب دیا۔ "جی ہاں، درست کہا۔ مگر مصیبت یہ ہے کہ ہم کچھ شریف قسم کے کنھیا ہیں۔ چور کرشن کنھیا نہیں ہیں۔" اس فقرے کی چوٹ کرشن چندر نے ضرور محسوس کی ہو گی۔

کپور واقعی بہت دبلے پتلے تھے۔ اوپندر ناتھ اشک کہتے تھے "اگر کبھی آندھی زور سے چلی تو کپور اڑ کر نہ جانے کہاں پہنچ جائے گا۔" یہ بات کہیں سے کہیں پہنچ گئی۔ ایک بار ایسا ہوا کہ کپور، اشک، کرشن، راجہ مہدی علی خاں، گوپال متّل ادب لطیف کے دفتر میں بیٹھے چائے پی رہے تھے۔ باہر تیز ہوا نے آندھی کی شکل اختیار کر لی تھی۔ یکایک کپور

نے چائے کے دو تین گھونٹ بھر کر پیالی میز پر رکھ دی اور اپنی کرسی سے اٹھ بیٹھے۔ اشک نے پوچھا۔ "کیوں کپور جی؟" جواباً بولے۔ "یار ایک بہت ضروری کام یاد آگیا ہے۔" اور یہ کہہ کر دروازے کی طرف جانے لگے۔ ادھر راجہ مہدی علی خاں بھی اپنی پیالی خالی کر کے اٹھ بیٹھے اور کپور سے کہنے لگے "چلیے کپور صاحب!" کپور نے پوچھا۔ "آپ کو کہاں جانا ہے؟" راجہ نے کہا۔ "جہاں آپ کو جانا ہے!" کپور کچھ نہ سمجھتے ہوئے حیرت سے ان کی طرف دیکھنے لگے۔ راجہ نے مسکرا کر کہا۔ "کپور آپ حیران کیوں ہوتے ہیں۔ میرا تن و توش دیکھ رہے ہیں نا۔ خدا کی قسم اس سے بھی زیادہ تیز آندھی چلے تو آپ کو اڑنے نہیں دوں گا۔"

کپور خاموش ہو جاتے یہ تو ممکن ہی نہ تھا۔ کہنے لگے۔ "راجہ جی! میری فکر نہ کیجیے بلندی سے گروں گا تو کوئی فرق نہیں پڑے گا۔ آپ زمین پر گر پڑے تو پاش پاش ہو جائیں گے۔" مجھے یاد نہیں کہ کپور نے کبھی کسی کی تعریف کی ہو۔ میں پوچھتا! "کپور جی، کرشن کا تازہ افسانہ کیسا ہے۔" جواب دیتے۔ "بس ویسا ہی جیسا ہونا چاہیے۔ جیسا کرشن چندر کو لکھنا چاہیے۔ کرشن میں یہ بڑی خوبی ہے کہ جذباتی آدمیوں کو رُلا دیتا ہے۔" کپور مسکرا کر جواب دیتے۔

کرشن کے بڑے معرکے کے افسانے "ادب لطیف" میں چھپے مگر میں اور کرشن خود اس بات کو ترستے ہی رہے کہ کبھی کپور کسی افسانے کی تعریف کر دیں۔ ایک دن اپندر ناتھ اشک نے یاروں کی محفل میں اپنا نیا افسانہ سنایا۔ ہم سب نے پسند کیا۔ کپور خاموش رہے۔ میں نے پوچھا۔ "کپور جی، کچھ آپ بھی کہیے؟" کپور بولے 'بہت اچھے، بہت اعلیٰ ادب کی ایک لازوال تحریک۔" ہم سب حیران ہو کر ان کا منہ دیکھنے لگے۔ کپور نے تو آج تک کسی کی تعریف ہی نہیں کی۔ اشک کے افسانے کی اس قدر تعریف کیوں کرنے لگے۔

ابھی انھیں تعریف کئے ایک منٹ بھی نہیں گزرا ہوگا کہ بڑی سنجیدگی سے بولے، "یار اشک! ذرا یہ تو بتادو ابھی ابھی تم نے جو کچھ پڑھا ہے، یہ ہے کیا۔ افسانہ، ڈراما، مضمون یا کچھ اور۔" یہ سن کر سب ہنس پڑے اور اشک کی یہ حالت کہ گویا ابھی اشک بار ہو جائیں گے۔

اشک سے کپور کی کبھی نہیں بنی۔ اشک فقرہ چست کرنے کی کوشش ضرور کرتے تھے مگر نہ جانے کیا بات تھی کہ بات بنتی نہیں تھی۔ وہ اپنی طرف سے فقرہ چست کر دیتے تھے لیکن اس کا ردِ عمل برداشت نہیں کرتے تھے۔ شاید اس کی وجہ یہ ہو کہ ان کے اندر وہ ذہنی کشادگی نہیں تھی جو ایک مرنجاں مرنج شخص میں ہونی چاہیے۔ اشک کا ایک افسانہ 'ادب لطیف' میں چھپا تو میں نے اداریے میں اپنی طرف سے خاصی تعریف کی مگر اشک کو یہ تعریفی سطور پسند نہ آئیں۔ دفتر میں پہنچ کر شکایت کرنے لگے۔

"لوگوں کے معمولی مضمون چھپتے ہیں تو آپ تعریفوں کے پل باندھ دیتے ہیں۔ اور میرے ایسے شاہکار افسانے کی یہ قدر۔" صاف ظاہر ہے چوٹ کپور پر تھی۔ وہی طنزیہ اور مزاحیہ مضامین لکھا کرتے تھے۔ اس وقت کپور بھی گوپال کے ساتھ دفتر ہی میں موجود تھے۔ ان کے چہرے سے ایسا ہلکا سا بھی تاثر ظاہر نہ ہوا جو ان کی کبیدگیٔ خاطر پر دلالت کرتا۔ حسب معمول مسکراتے رہے۔ جب اشک کا دل کچھ ہلکا ہوا تو کہنے لگے۔ "اشک جی! یہ مرزا بڑا ہی بدذوق آدمی ہے۔ آپ اسے اپنا افسانہ دیتے ہی کیوں ہیں۔ آپ کے افسانے کو تو سونے کے حرفوں میں چھپنا چاہئے تھا۔ اس طرح آپ کی عزت افزائی بھی ہوتی اور آپ سونے کے حروف سے فائدہ بھی اٹھا سکتے۔" کپور نے بڑی گہری چوٹ کی تھی۔۔۔ اشک پورے بنیا آدمی تھے۔ روپے پیسے کا بہت خیال کرتے تھے۔ کپور کی بات سمجھ گئے۔ ان سے تو کچھ نہ کہہ سکے، مجھ سے کئی روز تک روٹھے رہے۔

کپور 'بی جمالو' کا پارٹ ادا کر کے بہت خوش ہوتے تھے۔ جب بھی انھوں نے ایسا کیا بڑی خوش اسلوبی سے کیا۔ ایک واقعہ یاد آگیا ہے۔ کرشن چندر اور اشک دونوں کے افسانے پرچے میں چھپے۔ کرشن تو بڑی تیزی سے شہرت کی بلندیوں کی طرف جا رہا تھا۔ اس کے ہر افسانے کی اشاعت پر کئی خطوط دفتر میں آجاتے تھے۔ ایک آدھ خط میں اشک کے افسانے کی بھی تعریف نکل آتی تھی۔ ہاں تو دونوں کے افسانے چھپے۔ اب کپور کی سرگرمی ملاحظہ فرمائیے۔ کپور، کرشن چندر سے ملے اور اسے اطلاع دی۔ "کرشن! یار حیرت ہے تمھارا اتنا خوب صورت افسانہ چھپا ہے اور پڑھنے والوں نے اسے بالکل پسند نہیں کیا۔ اشک کے افسانے کو بے پناہ داد دی ہے۔"

کرشن کے لیے یہ بات بالکل خلاف توقع تھی مگر دل بڑا وسیع تھا۔ خاموش رہا۔ ظاہر ہے کرشن کو وہی کچھ کرنا چاہیے تھا جس کی کپور کو امید تھی اور جس کے لیے انھوں نے یہ چکر چلایا تھا۔ کرشن نے اشک کو بہت بہت مبارک باد دی۔ اشک دل میں بہت خوش ہوا۔ اوپر سے صرف یہ کہتا رہا۔ "میں نہیں مانتا۔ ایسا نہیں ہو سکتا۔" کپور کو اپنی کارروائی کے نتیجے کا علم ہو گیا۔ شام کو کرشن اور اشک دفتر میں آئے تو کپور بھی پہنچ گئے اور آتے ہی بولے، "مرزا یار! کرشن اور اشک کے افسانوں کے بارے میں جو خطوط آئے ہیں وہ ذرا دیجیے۔" مجھے کیا معلوم تھا کہ اصل معاملہ کیا ہے۔ میں نے سارے خطوط اشک کے سامنے پھیلا دیے۔ اب اشک جو خط بھی اٹھاتا ہے اس میں کرشن کے افسانے کی بے پناہ تعریف اور اس کا کوئی ذکر نہیں۔ کپور ان کے چہرے کو بڑے غور سے دیکھ رہے ہیں اور مسکراتے جا رہے ہیں۔ دوسری طرف کرشن بھی ایک ایک خط کا مطالعہ کر رہا ہے لیکن چہرے سے بے نیازی نمایاں ہے۔ میری سمجھ میں نہیں آتا تھا کہ یہ ہو کیا رہا ہے۔ معاملے نے اس وقت دگرگوں صورت اختیار کرنی شروع کر دی جب اشک نے کپور کی طرف

قہر آلود نظروں سے دیکھا۔ "وہ خط کہاں ہیں جو میرے افسانے کی تعریف میں آئے ہیں؟" اس نے کپور سے پوچھا۔

کپور نے بڑے اطمینان سے فرمایا۔ "اشک! میں نے تو ان سارے خطوط میں تمھاری تعریف ہی پڑھی تھی۔ نہ جانے اب کیا ہو گیا ہے۔ مرزا کے پاس ضرور کوئی 'جھرلو' ہے۔" "بکواس۔" اور اشک اٹھ بیٹھا۔ بڑی مشکل سے اسے منایا گیا۔

کپور کو کوئی اجنبی شخص دیکھتا تھا تو انھیں ایک معمولی آدمی ہی سمجھتا تھا۔ اس میں کوئی شک نہیں کہ ان کی مسکراہٹ بڑی معنی خیز ہوتی تھی مگر یہ مسکراہٹ غور سے دیکھنے پر ہی معنی خیز اور طنزیہ محسوس ہوتی تھی۔ ویسے وہ بڑے مسکین اور یتیم سے آدمی نظر آتے تھے۔ ایک بار دفتر میں آئے تو باہر کے کچھ اہل قلم میرا انتظار کر رہے تھے۔ ایک کرسی بھی خالی نہ تھی۔ کپور دیوار کے قریب کھڑے ہو گئے۔ مہمانوں نے انھیں دیکھا اور غالباً انھیں دفتر کا کوئی کارکن گردانا۔ ممکن ہے چپراسی ہی سمجھ لیا۔ میں آیا تو بہت شرمندہ ہوا۔ جب مہمانوں کو ان کی شخصیت کا علم ہوا تو وہ بھی اظہار ندامت کرنے لگے۔ کپور بولے۔ "آپ خواہ مخواہ اپنے الفاظ ضائع کر رہے ہیں۔ ندامت اور معذرت کے الفاظ سنبھال کر رکھیے آئندہ کسی وقت ضرور کام آجائیں گے۔"

کپور نے کبھی کسی کی تعریف نہیں کی تھی اور میں یہ بات پورے وثوق سے کہہ سکتا ہوں کہ وہ خود اپنی بھی تعریف سن کر خوش نہیں ہوتے تھے۔ کم از کم مجھے انھوں نے کبھی ایسا تاثر نہیں دیا تھا کہ وہ اپنی تعریف سن کر خوش ہو گئے ہیں۔ قارئین انھیں تعریفی خطوط لکھتے تھے تو وہ کرشن چندر کے برعکس ان کی طرف آنکھ اٹھا کر بھی نہیں دیکھتے تھے۔

سالنامہ چھپنے والا تھا۔ میں نے ان سے اصرار کر کے ان کا مضمون حاصل کیا۔

دوسرے روز آئے تو میں نے بڑی تعریف کی۔ مسکراتے رہے، آخر میں بولے۔ "آپ نے مضمون سمجھ لیا ہے!" سخت غصّہ آیا۔ کہا۔ "کپور، اگر مضمون سمجھا نہ ہوتا تو اس کی تعریف کیوں کرتا۔" ایک دو لمحے مسکراتے رہے پھر بولے۔ "اچھا یہ معاملہ ہے۔ میں تو سمجھتا ہوں جس چیز کی زیادہ تعریف کی جاتی ہے۔ اسے انسان سمجھا نہیں ہوتا۔"

ایک واقعہ مجھے ڈاکٹر وحید قریشی نے بتایا ہے۔ قیام پاکستان کے بعد کپور 'موگا' چلے گئے تھے۔ وہاں کالج میں انگریزی پڑھاتے تھے۔ میری لائبریری کے مالک چودھری بشیر احمد نے کپور کے مضامین کا انتخاب چھاپنا چاہا تو مظفر علی سید نے کہا کہ وہ مضامین کا انتخاب کریں اور ساتھ دیباچہ بھی لکھ دیں۔ ظاہر ہے اس کے لیے کپور سے اجازت لینا ضروری تھا۔ مظفر علی سید نے کپور کو اس سلسلے میں خط لکھا اور اجازت کی درخواست کی۔ کپور نے جو جواب لکھا اس میں کہا۔

"اس سے زیادہ میری خوش قسمتی کیا ہوگی کہ ایک سیّد کے ہاتھوں مارا جاؤں۔ ضرور انتخاب چھاپئے۔"

میں کنھیا لال کپور کی طنزیہ تحریروں کے متعلق ایک لفظ بھی نہیں کہوں گا۔ اس وقت یہ میرا منصب ہے بھی نہیں۔ میں تو ان لمحوں میں اس کنھیا لال کپور کو یاد کر رہا ہوں جس سے آخری ملاقات کو چونتیس پینتیس برس کی مدت گزر گئی ہے مگر میری تنہائیوں میں ہمیشہ قریب رہا ہے۔

میں اس کنھیا لال کو یاد کر رہا ہوں جسے بارہا دیکھنے کے بعد بھی ایک بار دیکھنے کی ہوس رہتی تھی۔ میں اس کنھیا لال کپور کے بارے میں سوچ رہا ہوں جو لمبے لمبے ڈگ بھرتا ہوا، لہراتا ہوا، بل کھاتا ہوا جب دفتر ادب لطیف میں آتا تھا تو اس کی مسکراہٹیں سارے ماحول میں پھیل جاتی تھیں۔ یہ کنھیا لال کپور تھا۔ جو قہقہہ نہیں لگاتا تھا۔ بس

مسکراتا رہتا تھا اور مسکراتا بھی پوری طرح نہیں، کھل کر نہیں، مگر اسی مسکراہٹ نے اس کی مکمل شخصیت کو گویا اپنی گرفت میں لے لیا تھا۔

سانولے رنگ کا دھان پان کنھیا لال کپور۔ ایک بہت ہی پیارا انسان تھا۔ اتنا پیارا، اتنا منفرد انسان کہ میں اس کے متعلق صرف یہی کہہ سکتا ہوں کہ کنھیا لال کپور۔۔۔ بس کنھیا لال کپور تھا!

* * *